U0578849

本书为教育部 2020 年度高校思想政治理论课教师研究专项一般项目
"高校加强共产主义理想信念教育研究"（20JDSZK080）最终成果

陈兵 著

高校
加强共产主义理想信念
教育研究

社会科学文献出版社
SOCIAL SCIENCES ACADEMIC PRESS (CHINA)

前　言

习近平总书记指出："要在坚定理想信念上下功夫，教育引导学生树立共产主义远大理想和中国特色社会主义共同理想。"①共产主义理想信念是社会发展的道路选择和个体生命奋斗历程的指南针，它彰显了社会发展的文明高度及个体生命的境界韧性，是社会道路和个体拼搏的统一。共产主义理想信念是人类社会的伟大理想和崇高信仰，它源于对资本主义社会文明危机和个体生存苦难的不屈与反抗，以此孕育了超越于资本主义现代性的人类文明新图景，并在当前，以新时代中国特色社会主义的崭新形式不断被引向新的时代高度。加强共产主义理想信念教育能够使人们在实现共产主义社会的具体实践中内心有信仰、选择有方向、行动有力量。

然而，当前共产主义理想信念教育面临的主要问题之一是如何增强其现实感。怎样使学生充分地感受到共产主义的在场性和现实力量，真切深入地融入对国家的思考、社会的未来和个体的人生体悟之中，筑牢理想信念。产生这一问题的重要原因是，在思想政治理论课教学中，对社会演进中的时代主题变迁及其逻辑

---

① 《习近平在全国教育大会上强调　坚持中国特色社会主义教育发展道路 培养德智体美劳全面发展的社会主义建设者和接班人》，《人民日报》2018 年 9 月 11 日。

背后的共产主义思想因子还把握不充分，以及难以透彻阐明共产主义理想信念之于学生个体理想信念养成和生命人格教育的理论面向和呈现方式，导致与时代的紧密联系有待彰显，与个体心灵的平等交流有待伸展。

要使共产主义理想信念更加有效地进入头脑、贴近人心，需要反思时代主题变迁及其背后的演进逻辑对共产主义理想信念教育的内在影响，对社会现实进行强有力的理论化阐释，并深度切入实践主体的精神世界和日常生活，强化共产主义的在场性。剖析共产主义作为具有超越性的人类文明新图景，在阶段性、层次性地展开为具体现实的过程中，面对不同的时代主题和实践任务时，是如何获得对现实的接入路径和实践形式的，审视共产主义的内在文明性与外在实践性之间的可能张力与统一形式，即共产主义展开为现实的时代逻辑；从而突出从学生视角阐释共产主义理想信念，探讨主体微观化趋势下的共产主义出场方式和融入逻辑，拉近共产主义理想信念与时代和个人的距离，彰显共产主义的时代内涵和面向学生心灵的进入方式，使共产主义与时代对话，与个体对话，强化大学生在时代发展和个人成长中感受、思考和践行共产主义；进而加强共产主义基于社会发展事实和人生价值真理的内在说服力，来感染人、影响人、培育人的思想理论品质，以此突破共产主义教学中长期沉积的重大理论和现实问题，构建社会变迁、思想转换、主体进入三位一体的共产主义理想信念教学逻辑。

目　录

第一章

共产主义理想信念的概念、内涵及精神

共产主义的孕育和形成经历了漫长的思想史、概念史和实践史的斗争与选择，在复杂交织的多方力量的张力性关系中，逐渐明确自身的内涵，划清自身的界限，并通过对实践主体的捕获和融入以及对时代主题的切入和引导，逐渐沉淀为一种深沉高阔而又天道近人的理想信念，汇聚成一代又一代人的时代追求和社会愿景。共产主义理想信念具有丰富的内涵，如人的异化及其扬弃、劳动分工及其重构和自由人联合体社会等。这些内涵从总体和现实的层面，考察了人的生存状态和解放形式，将对人的观照上升到人的超个体的真实性存在——社会性存在。而这些内涵所蕴含的精神则呈现出一般性的人类价值追求，包括生命创造、财富共享以及群体共生等。共产主义理想信念不仅是一种高阔的理想和信念，更是一种现实的实践变革。

第一节　共产主义理想信念的概念考察

马克思恩格斯所创立的科学的共产主义学说，在思想演进、概念选择和实践切入等方面，经历了一个漫长而曲折的斗争过程，并逐渐沉淀为一种关于宏大社会变革的科学理想和宏阔不屈的实践信念。马克思恩格斯立足于历史唯物主义，科学剖析了资本主义文明的内在局限性，拨开了当时形形色色的关于社会变革的思想迷障，以合适的概念表述来捕获实践主体，武装头脑，进而切近现实变革的力度，最终形成了科学的共产主义理想信念。共产主义理想信念概念的形成深刻地包含了以知识论为形态的社会变革的内在规律，以价值论为形态的美好社会的理想追求，以及以境界论为形态的坚韧不拔的生命实践。

一　共产主义

通常情况下，当提到"共产主义"这一概念时，人们往往会想到马克思主义意义上的共产主义，它是由马克思恩格斯创立的，被称为科学的共产主义——这种反应往往是简明而直接的。然而，"共产主义"本身却是一个充满张力的概念，分属于不同的思想脉络，在思想演进和实践观照的历史进程中，表现出较为复杂的变化过程。从共产主义开始进入马克思的思想视野，到后来的批判超越，马克思在这种相互交织的思想脉络和实践牵扯中，对各种共产主义思想及其相关的社会主义思想进行了彻底的清理，走出思想的迷障、剖析实践的进程，最终孕育升华出一种科学的共产主义思想理论和实践指引。

具体来看，在马克思开始使用"共产主义"概念并创立科学共产主义之前，共产主义思想和概念就已经存在，并且与稍早出现的社会主义有着千丝万缕的联系。在"共产主义"概念出现之前，"共产主义"思想已经产生，目前一致认为，最早可以追溯到莫尔的《乌托邦》（1516）和康帕内拉的《太阳城》（1623），其基本内涵是财产公有、按需分配。如乌托邦"实行财产公有，按需分配"[①]，

――――――――――

[①]　托马斯·莫尔：《乌托邦》，戴镏龄译，商务印书馆，2009，第4页。

"私有制是万恶的根源"①,"太阳城的居民却在一切公有的基础上采用这种制度。一切产品和财富都由公职人员来进行分配"②。17世纪的空想共产主义者杰腊德·温斯坦莱谴责土地买卖,认为"土地被创造出来,是为了成为一切动物的共同财富,而现在却被买卖,被少数人所霸占,这是对伟大的造物主的一个极大侮辱"③。这表达了对财产公有的关注和主张。而"共产主义"这一概念最早源于拉丁语 Communis 和古法语 Communisme,本有共同体、群落的意思。④ 据考证,这一概念出自19世纪30年代中期的巴黎秘密革命团体。⑤ "到了19世纪40年代,随着法国卡贝和德国魏特林共产主义思想的传播,共产主义一词也在欧洲进一步流行开来。"⑥

而与"共产主义"一词相关的"社会主义"这一概念,则出现稍早,"社会主义"一词最早由德国神学家、本尼迪克派(又称本笃派)教士、学者、教师安塞尔姆·德辛,于1753年与人论战的时候提出(德辛最早将之作为书面语使用,该词很可能在民间已经流传了一段时间)。⑦ 他反对人的社会性理论,倡导人的宗教神学的一面,"把信奉天主教的神学家和倡导自然法的人区别开来,他称后者为社会主义者,意即强调人具有社会性的人"⑧。而这里的社会主义,主要是指与作为上帝的子民、归属于宗教神学相对的一种存在方式,指人的社会性、世俗性,追求世俗权力

---

① 托马斯·莫尔:《乌托邦》,戴镏龄译,商务印书馆,2009,第3页。
② 康帕内拉:《太阳城》,陈大维等译,商务印书馆,2009,第9页。
③ 温斯坦莱:《温斯坦莱文选》,任国栋译,商务印书馆,2009,第6页。
④ 马晓琳、宋进:《"共产主义"概念的生成与汉译考略——基于对〈共产党宣言〉的文本考察》,《上海交通大学学报》(哲学社会科学版)2018年第4期。
⑤ 秦刚:《社会主义、共产主义概念的源流梳理》,《科学社会主义》2015年第5期。
⑥ 秦刚:《社会主义、共产主义概念的源流梳理》,《科学社会主义》2015年第5期。
⑦ 高放:《最早提出"社会主义"一词的德辛是何许人?》,《社会主义研究》1994年第3期。
⑧ 高放:《最早提出"社会主义"一词的德辛是何许人?》,《社会主义研究》1994年第3期。

和利益的特性，这主要指当时新产生的启蒙思想家和资产阶级新兴势力。"当时欧洲教会势力很大，人被视为神的奴仆，根本否认人的社会性。"① 这里所提到的社会主义与后来的社会主义的内涵是不同的，也没有实质性关联。

而社会主义成为取代资本主义社会、与之相对的概念则要到19世纪二三十年代，"直到 1827 年欧文社会主义者的《合作杂志》才使用'社会主义者'一词来称呼合作学说的信徒。至于'社会主义'一词，则是 1832 年在法文期刊《地球报》上初次出现的"②。"这里所说的'社会的'，是同'个人的'相对。早期社会主义者用这个词，主要是来否定资本主义社会中盛行的个人主义，期望实现和维护社会整体利益。"③ 随后，此种内涵的"社会主义"概念开始慢慢流行起来，到马克思关注这一概念的时候，已经衍生出各种各样的社会主义思想和派别，"如傅立叶、蒲鲁东等人的社会主义学说"④，以及后来马克思恩格斯在《共产党宣言》中批判的各种各样的社会主义，如封建的、小资产阶级的、德国的或"真正"的社会主义，资产阶级的和批判的空想的社会主义等。而共产主义流派主要有"卡贝、德萨米和魏特林等人所讲授的那种实际存在的共产主义"⑤。

这是马克思开始批判、超越和创立自己的共产主义学说时的整体思想背景和社会实践状况。马克思在创立自己的共产主义学说的过程中，在思想形成、概念表述和实践观照三重关系中，表现为思想上的不断深化、实践中的极力靠近和概念使用上的适度选择的复杂交织的探索过程，并最终形成了自己的共产主义思想

① 高放：《最早提出"社会主义"一词的德辛是何许人?》，《社会主义研究》1994年第 3 期。
② 科尔：《社会主义思想史》第 1 卷，何瑞丰译，商务印书馆，1977，第 7~8 页。
③ 秦刚：《社会主义、共产主义概念的源流梳理》，《科学社会主义》2015 年第 5 期。
④ 《马克思恩格斯文集》第 10 卷，人民出版社，2009，第 8 页。
⑤ 《马克思恩格斯文集》第 10 卷，人民出版社，2009，第 7~8 页。

体系、表达方式和实践指导。

在 1842~1844 年，马克思恩格斯开始从革命民主主义者转变为科学社会主义者、科学共产主义者的时候，"共产主义""社会主义"才先后出现在他们的著作中。马克思到科伦任《莱茵报》主编后，于 1842 年 10 月 15 日，在《共产主义和奥格斯堡〈总汇报〉》一文中，驳斥《总汇报》对《莱茵报》宣传社会主义和共产主义的攻击时，首次提到了这两个词，"竟异想天开，认为君主政体应当设法用自己的方式去掌握社会主义和共产主义思想。现在，你们该明白奥格斯堡女人的愤怒了吧；她之所以绝不宽恕我们，原来是因为我们向公众不加粉饰地介绍了共产主义"①。这里，马克思使用的"共产主义"和"社会主义"是同义词，并未作区分，主要是指当时法国的空想社会主义和共产主义思潮。

到 1843 年 9 月，马克思在写给卢格的信中，看法有了变化："共产主义就尤其是一种教条的抽象概念，不过我指的不是某种想象中的和可能存在的共产主义，而是如卡贝、德萨米和魏特林等人所讲授的那种实际存在的共产主义。这种共产主义本身只不过是受自己的对立面即私有制度影响的人道主义原则的特殊表现。所以，私有制的消灭和共产主义决不是一回事；除了这种共产主义外，同时还出现了另一些如傅立叶、蒲鲁东等人的社会主义学说，这不是偶然的，而是必然的，因为这种共产主义本身只不过是社会主义原则的一种特殊的片面的实现。"② 此时的"共产主义"和"社会主义"内涵是不同的，高放认为，"马克思之所以把社会主义看得比共产主义更高，是特指而不是泛指"③。马克

① 《马克思恩格斯全集》第 1 卷，人民出版社，1995，第 292 页。
② 《马克思恩格斯文集》第 10 卷，人民出版社，2009，第 7~8 页。
③ 高放：《也谈马克思主义经典著作中未来社会名称的历史演变》，《理论视野》1999 年第 6 期。

思思想中的社会主义在本质上是指在运动中实现的共产主义的结果呈现，以"社会"为本位构建的共同体。① 共产主义的精神起源在于对私有财产的现实否定、扬弃异化，社会主义是从整体对这种运动和实现状态的概括。也就是说，马克思还是在自身所理解、界定的共产主义原则的基础上使用社会主义的（而不是傅立叶、蒲鲁东等人的别的社会主义——这是概念深处的思想斗争）。马克思所理解、界定的共产主义又与卡贝、德萨米和魏特林等人的共产主义是不同的。这实际上也表达了马克思在双重批判中逐渐厘清、划开自己所使用的共产主义和社会主义概念。总体而言，此时马克思所使用的共产主义与社会主义是有区别的，但这种区别不是本质的，共产主义更接近现实的运动，社会主义更接近这种运动（理想）的整体性实现。

而且"共产主义"总体上偏向于从思想理论层面来思考与论证，即共产主义的关键并不是它的"实际试验"，而是"理论阐述"。② 这种思想考察和理论论证在《1844 年经济学哲学手稿》中得到了充分的展现。马克思从理论上批判了"粗陋的共产主义"、政治性质是"民主的或专制的"共产主义、"废除国家的，但同时是尚未完成的，并且仍然处于私有财产即人的异化的影响下"③ 的共产主义，认为这些共产主义只是"私有财产的卑鄙性的一种表现形式，这种私有财产力图把自己设定为积极的共同体"④。这里所谓共产主义即私有财产的平均主义，并从思想高度展开了自己对共产主义的理解。

根据高放的梳理，恩格斯比马克思晚一年使用"社会主义""共产主义"。恩格斯于 1843 年 5~6 月《伦敦来信》、1843 年 10

---

① 高放：《也谈马克思主义经典著作中未来社会名称的历史演变》，《理论视野》1999 年第 6 期。
② 《马克思恩格斯全集》第 1 卷，人民出版社，1995，第 295 页。
③ 《马克思恩格斯文集》第 1 卷，人民出版社，2009，第 185 页。
④ 《马克思恩格斯文集》第 1 卷，人民出版社，2009，第 185 页。

月《大陆上社会改革运动的进展》中先后提到共产主义和社会主义①，"社会主义不是一个封闭的政治党派，但就总体而言是由中间阶级的下层和无产者组成的"②，表明当时的社会主义与下层有产者和无产者关系密切，但共产主义是"最重要和最激进的一派"③，即共产主义比社会主义"更重要、更激进、更具有哲学基础"④。

比较马克思和恩格斯 1844 年 8 月在巴黎会面以前各自对共产主义和社会主义的观察、批判和认识，可以看到，两人具有某种差异性，即马克思认为社会主义高于共产主义，而恩格斯则认为共产主义更重要。而从内在的逻辑发展来看，其实两人具有内在的一致性，这也是巴黎会面后两人取得统一认识的基础。马克思所说的社会主义与恩格斯所说的社会主义不是同一个概念，马克思是在应然的理论层面上，阐释未来社会的构建原则，即以"社会"为本位的共同体状态，是泛指；恩格斯则谈的是现实存在的各派社会思潮和运动，这些思潮往往较为保守，且充满了局限性。而马克思使用的共产主义概念，则是从理论上回应私有制否定自身、扬弃异化的现实运动，考察一般意义上的社会主义的实现过程和路径；恩格斯的共产主义同样也是对现实存在的共产主义思潮和运动的描述，认为其更具革命性和斗争性，从现实层面呼应了马克思对共产主义的理论反思。

巴黎会面后，马克思恩格斯对共产主义取得了一致的认识，并立足于历史唯物主义，创立科学的共产主义学说。通过合著的《神圣家族》（1845）和《德意志意识形态》（1846）两书，进一

① 高放：《也谈马克思主义经典著作中未来社会名称的历史演变》，《理论视野》1999 年第 6 期。
② 《马克思恩格斯全集》第 3 卷，人民出版社，2002，第 424 页。
③ 《马克思恩格斯全集》第 3 卷，人民出版社，2002，第 479 页。
④ 高放：《也谈马克思主义经典著作中未来社会名称的历史演变》，《理论视野》1999 年第 6 期。

步批判了各种各样的社会主义流派，深化了共产主义理论，将共产主义更加紧密地同唯物主义辩证法结合起来，从而基于社会现实的运动状况来界定和阐释共产主义。这里凸显的是，马克思在真实选择共产主义，即创立有别于当时存在和流行的各种各样的共产主义的过程中，有一个概念选择和思想跃升的过程，他最终选择形成了自己的共产主义概念及思想内涵：一是在社会主义和共产主义中选择了共产主义，二是这里的共产主义是马克思思想脉络中的共产主义，是科学的共产主义。最终选择共产主义这一概念作为自己学说的表达，一方面正如上文分析的，是由于思想理论自身的逻辑必然，以及对现有的共产主义思想资源和实践状态的参照。另一方面，是由于"在1847年，社会主义是资产阶级的运动，而共产主义则是工人阶级的运动"①。

　　恩格斯在1888年《共产党宣言》英文版序言中写道："当我们写这个《宣言》时，我们不能把它叫做社会主义宣言。在1847年，所谓社会主义者，一方面是指各种空想主义体系的信徒，即英国的欧文派和法国的傅立叶派……另一方面是指形形色色的社会庸医……这两种人都是站在工人阶级运动以外，宁愿向'有教养的'阶级寻求支持。只有工人阶级中确信单纯政治变革还不够而公开表明必须根本改造全部社会的那一部分人，只有他们当时把自己叫做共产主义者。这是一种粗糙的、尚欠修琢的、纯粹出于本能的共产主义；但它却接触到了最主要之点，并且在工人阶级当中已经强大到足以形成空想共产主义，在法国有卡贝的共产主义，在德国有魏特林的共产主义。可见，在1847年，社会主义是资产阶级的运动，而共产主义则是工人阶级的运动。"② 最终在1848年《共产党宣言》中，选择共产主义作为一个固定用法以宣

---

① 《马克思恩格斯文集》第2卷，人民出版社，2009，第14页。
② 《马克思恩格斯文集》第2卷，人民出版社，2009，第13~14页。

言的形式表达出来。

但是，1848 年欧洲工人运动失败后，到 19 世纪 50 年代，特别是 60 年代，马克思也开始用"社会主义"来称呼自己的学说，表现出与共产主义概念一起使用的趋向。如马克思在《1848 年至 1850 年的法兰西阶级斗争》中，批判各种社会主义时，指出"这种社会主义就是宣布不断革命，就是无产阶级的阶级专政"①。无产阶级已"日益团结在革命的社会主义周围，团结在被资产阶级用布朗基来命名的共产主义周围"②。恩格斯在 1869 年写的马克思的传记中说："任何人，不管他对社会主义采取什么态度，都不能不承认，社会主义在这里第一次得到科学的论述，而且正是德国终于有机会也在这方面作出这种贡献。现在谁还要想同社会主义作斗争，那他就必须对付马克思。"③ 这是较早的使用社会主义这一概念来指代共产主义。只是，为了同当时流行的各种社会主义流派区分开来，常常在社会主义前面加上修饰语以强调，如"革命的社会主义""唯物主义的批判的社会主义""现代工人社会主义""现代科学社会主义"等。

到了 19 世纪 70 年代，"科学社会主义"被用来概括他们的理论。如恩格斯在 1872~1873 年 1 月的《论住宅问题》中写道，巴黎公社的很多经济措施"完全不合乎蒲鲁东的精神，而合乎德国科学社会主义的精神"④。马克思在 1874~1875 年的《巴枯宁〈国家制度和无政府状态〉一书摘要》中，使用了"科学社会主义"。恩格斯于 1892 年在马克思的传记中谈到 19 世纪 40 年代马克思和卢格不同思想走向时写的："热心地研究政治经济学、法国社会主义者和法国历史。结果马克思转向了社会主义。"⑤ 随

---

① 《马克思恩格斯文集》第 2 卷，人民出版社，2009，第 166 页。
② 《马克思恩格斯文集》第 2 卷，人民出版社，2009，第 166 页。
③ 《马克思恩格斯全集》第 16 卷，人民出版社，1964，第 411~412 页。
④ 《马克思恩格斯文集》第 3 卷，人民出版社，2009，第 310 页。
⑤ 《马克思恩格斯全集》第 22 卷，人民出版社，1965，第 393 页。

后，"科学社会主义"一词开始在著作中大量出现。

马克思恩格斯在 19 世纪 50 年代后逐渐使用"社会主义"这一概念，并最终选择了科学社会主义这样一种表述，主要原因在于，当时各种社会主义思潮在广大工人、普通群众中影响很大，共产主义理论要想争取广大群众，武装群众的头脑，清除群众头脑中的各种非科学的社会主义思想，就需要向现实更进一步，借用社会主义这一概念占领群众。而这样的选择也确实取得了很好的现实效果，正如恩格斯在 1890 年《共产党宣言》德文版序言中所说："而在 1887 年，大陆社会主义已经差不多完全是《宣言》中所宣布的那个理论了。"① 各种社会主义在内涵上已经被实际意义上的共产主义所取代。因此，在坚持思想原则和方向的基础上，共产主义在走向现实实践的过程中获得了合适的出场方式，虽然这种出场方式转变了共产主义概念的使用方式，但其本质精神和内在思想是没有变的。

经过以上梳理，可以看到，在思想和历史演进的过程中，概念的选择和使用会受到这种演进的双重影响。概念既会受到思想演进逻辑和自我表达的影响，需要在复杂的思想资源中形成自我，突出自我，准确地表达内在的本质思想和基本原则，又会受到现实接受度和理解力的影响。特别是当这种思想不仅仅停留在思想领域，成为思维自身的结果，还有一种强烈的现实感和变革特性，需要实现出来的时候，概念的选择就极其需要考虑如何获得它的实践主体（成为批判的武器）。现实状况及其接受性这一影响因素就会凸显出来，更易影响概念的构建和使用，同样的思想，甚至会最终选择与之前差异较大的概念。概念、思想和实践三者之间存在着微妙而坚韧的张力关系，一个概念能够深入表达一种思想，并充分进入一种实践，是一个自我选择的不断探索、

---

① 《马克思恩格斯文集》第 2 卷，人民出版社，2009，第 21 页。

磨合和调整的过程。马克思从最初对共产主义和社会主义的同义
使用（1842），到区别对待（1843），再到选择共产主义作为学说
的表达（1844~1848），最终到以社会主义（19 世纪 50 年代后）、
科学社会主义（19 世纪 70 年代后）作为思想和实践的表达方式。
这个过程不仅是概念表象的转化，而且是内在思想的自我建构形
成过程和外在实践的不断深入发展过程，最终找到了一种适合表
达思想和参与实践的概念载体。当然，这种概念的探索史在本质
上与思想的形成史和现实的实践史是统一的：一方面，无论概念
在选择上如何转变，概念所承载的思想主线是始终如一的，如马
克思在形成了科学的共产主义思想后，即使在 19 世纪 50 年代后
选择以社会主义来称谓这种学说，也始终是在共产主义的思想逻
辑中使用社会主义一词的；另一方面，无论现实如何复杂，社会
主义思想派别如何纷呈，马克思在以共产主义思想进入现实，改
变现实的过程中，始终没有对各种派别的社会主义思想和实践方
案做出妥协和让步。由此可见，思想的斗争、概念的斗争和实践
的斗争是内在统一的。

　　而当前我们所理解的共产主义是社会主义的更高阶段，社会
主义是共产主义的低级阶段，则主要是从列宁的实践和创新中开
始的①——虽然恩格斯在 1894 年 1 月 3 日在《〈"人民国家报"
国际问题论文集（1871—1875）〉序》中谈到社会民主党时，
区分了社会主义和共产主义，"虽然对于经济纲领不单纯是一般
社会主义的而直接是共产主义的党来说，对于政治上的最终目
的是消除整个国家因而也消除民主的党来说，这个词还是不确
切的"②。但这种区别在当时只是一种思想萌芽，并没有明确的

---

① 高放：《也谈马克思主义经典著作中未来社会名称历史演变》，《理论视野》1999 年
第 6 期。
② 《马克思恩格斯全集》第 22 卷，人民出版社，1965，第 490 页。

阐释。①

　　卢森堡在 1903 年 3 月写的纪念马克思逝世 20 周年的文章中写道，马克思学说可以最简要地概括为对于这样一条历史道路的认识，即"从最后一个'对抗性的'、以阶级对立为基础的社会形态通向以全体成员利益一致为基础的共产主义社会。它首先是经济发展和政治发展的某一特定阶段，即从资本主义历史阶段向社会主义历史阶段过渡的时期在思想上的反映"②。1907 年卢森堡更精确地指出："自古到今各时代的经济形式是：原始共产主义——奴隶制——封建主义——资本主义。将要来到的时代是：社会主义；最终的目标是：共产主义。每一个时代都由前一个时代发展出来的。"③ 1915 年 8 月 23 日，列宁在《论欧洲联邦口号》一文中，首次把社会主义与共产主义区分为前后两个发展阶段，"在共产主义的彻底胜利使一切国家包括民主国家完全消失以前，世界联邦（而不是欧洲联邦）是同社会主义相联系的、各民族实行联合并共享自由的国家形式"④。1917 年 4 月，在《无产阶级在我国革命中的任务》一文中说："人类从资本主义只能直接过渡到社会主义，即过渡到生产资料公有和按每个人的劳动量分配产品。我们党看得更远些：社会主义必然会逐渐成长为共产主义。"⑤ 特别是在 1917 年 8~9 月的《国家与革命》一书中，列宁指出："社会主义同共产主义在科学上的差别是很明显的。通常所说的社会主义，马克思把它称作共产主义社会的'第一'阶段或低级阶段。既然生产资料已成为公有财产，那么'共产主义'

---

① 高放：《也谈马克思主义经典著作中未来社会名称的历史演变》，《理论视野》1999 年第 6 期。
② 罗莎·卢森堡：《卢森堡文选》（上卷），李宗禹编，人民出版社，1984，第 486 页。
③ 转引自高放《也谈马克思主义经典著作中未来社会名称的历史演变》，《理论视野》1999 年第 6 期。
④ 《列宁选集》第 2 卷，人民出版社，2012，第 554 页。
⑤ 《列宁选集》第 3 卷，人民出版社，2012，第 64 页。

这个名词在这里也是可以用的，只要不忘记这还不是完全的共产主义。"① 他明确区分了共产主义和社会主义两个相继的高低阶段。

这种区分为认识和理解社会主义、共产主义提供了新的视野，这种新视野的基本前提是当共产主义越来越需要走近现实，转化为一种运动和现实的变革状态的时候，落后国家该如何实现共产主义。这种划分是共产主义理想在迫近现实，走入实践的过程中，需要获得的一种呈现形式和理论说明。

马克思恩格斯之所以没有将共产主义和社会主义分开，作同义语使用，主要原因在于，他们设想的社会主义、共产主义首先在发达的西欧地区发生。从资本主义到共产主义中间的社会主义不会很长，即社会主义的一些因素会在资本主义后期不断被迫实现出来，而会与共产主义社会对接起来。换句话说，如果在落后国家搞社会主义，向共产主义推进，则需要吸收资本主义社会的积极要素，完成本来处于资本主义社会阶段需要完成的生产力积累（充分发展的生产力积累），带动落后国家的前资本主义经济向社会主义经济转化、蜕变。"无论哪一个社会形态，在它所能容纳的全部生产力发挥出来以前，是决不会灭亡的；而新的更高的生产关系，在它的物质存在条件在旧社会的胎胞里成熟以前，是决不会出现的。"② 在社会主义制度下，需要完成落后国家资本主义未完成的任务和未达到的水平，缩短、减弱由于资本主义制度本身带来的社会阵痛，跨越资本主义的"卡夫丁峡谷"。所以，当在经济落后国家建设共产主义的时候，社会主义作为一个中间过渡的环节，就变成一个漫长的奋斗和实践过程。而从现实的状况来看，共产主义社会所设想的主要目标，如社会生产力高度发达，生产资料由社会共同占有、使用，各尽所能、按需分配等，

---

① 《列宁全集》第 31 卷，人民出版社，1985，第 94 页。
② 《马克思恩格斯文集》第 2 卷，人民出版社，2009，第 592 页。

与现实状况确实存在较大的差距，需要一个长期的发展和积累阶段，而这个阶段就是社会主义。"今天我们所处的新发展阶段，就是社会主义初级阶段中的一个阶段，同时是其中经过几十年积累、站到了新的起点上的一个阶段。"① 我们已经获得了开启新征程实现更高目标的雄厚物质基础。

二　理想信念

在人类的生命历程和社会实践全程中，往往会出现两个世界，一个是外在的现实世界，一个是内在的精神世界，前者是真理的合规律性的世界，后者是价值的合目的性的世界。这两个世界贯穿人类的生活经历和社会实践的方方面面，影响着人们的内心感受、价值观念、行为方式和实践策略，共同形塑出不同的人生轨迹和社会样态。

生命不是一维的，人生不是单向的。生命有自然生命和社会生命，也有精神生命；人生除了要面对现实社会的纷繁复杂，还要面对心灵世界的波澜起伏。外在的物质生命、社会现实和群体生活具有自身的客观性，需要以知识的形式揭示出来。生命和人生需要在这种客观的尺度中来理解、把握和展开自身的存在，不顾客观性的主观想象，以及浪漫主义的一腔热血，只会造成个体的悲剧和社会的不幸。这是生命培育的一个维度，在外在世界的客观性中，通过知识来认识和把握自身的存在方式，这也是西方哲学的一贯传统之一。人类所面对的外在世界是无限的，这种无限性表现在宇宙的存在、生命的起源、社会的发展等方面。同时，人类所面对的内在世界也是浩瀚的，它既包括欲望、兴趣、情感、直觉等非理性的精神因素，也包括信念、信仰、理想等理性的精神因素，这些因素共同构成了一个广阔的内在精神世界。

---

① 《习近平谈治国理政》第 4 卷，外文出版社，2022，第 162 页。

这种精神世界的驱动力往往以价值观的形式表现出来，当人们认为某件事是有价值的、有意义的、值得去努力追求或坚守的时候，他就会在行为和实践中获得巨大的驱动力，这种驱动力不同于外在世界的能源、燃料等力量来源，而是精神性。人类在其生命历程和社会实践中，正是面对着这样一个浩瀚无垠的内在精神世界，受其驱动和影响。

那么，在这样一个内在的精神世界中，对人的生命成长、人生轨迹、社会实践以及群体生活起着直接而根本的影响作用的，往往是人的价值观念，这种价值观念在广义上既涉及人生和世界，也涉及人的实践选择。这种价值观念的表现形式是多样的，但主要有信念、信仰、理想等，共同构筑了人类的精神形式。这些价值观念虽然需要借助知识来形成，但在根本上不是通过知识来获得的，而是融入人类的生命之中，孕育出的一种内在的生命情感。与生命本身融为一体，内化为自我，表现为自觉。从生命教育的角度看，它不是一些独立出来的认识和研究对象，而是生命获得自我，展开自我的一部分。理想信念是从内在世界培育一个人，展开一种人生，规范一种行为方式，推动一种社会建构的精神力量，遵从一种生命意义上的价值逻辑，而不同于外在物质意义上的知识逻辑。

（一）理想

理想是一种价值目标。"理想指引人生方向"[①]，面向未来。"理想是价值意识的最高形式，它是以一定信念和信仰为基础的价值目标体系，这种目标体系以关于个人或社会的未来形象为标志。"[②]它表达了人们对未来的期待和向往，反映了人们的追求，这种期待和向往以一种形象化的图景展现出来，形象化的图景和未来目

---

① 《习近平谈治国理政》，外文出版社，2014，第50页。
② 李德顺：《"人生价值与理想信念"（笔谈四篇）——人生与信仰》，《湖湘论坛》2001年第1期。

标是其重要的特点。"理想信念就是人的志向"①"理想"在古代与"志"同义，指的是人生追求的奋斗目标。当一个人说自己的志向是什么的时候，可以理解为他对自己的人生或生活的社会之憧憬和设想、期盼和希望。理想是人生的价值方向和奋斗目标，代表了人们对未来人生、社会的想法、规划——未来理想的社会、理想的生活是怎样的，过一种怎样的人生——并向着这种目标努力奋斗。

理想贵在崇高，崇高就有了超越性。"志存高远的人，再遥远的地方也能达到，再坚固的东西也能突破。"② 这种崇高不仅可以使人们在看到限制的必然性后，超越物质现实的客观性和局限性，而且可以超越自我的有限性和狭隘性，突破"小我"的局限和束缚，让生命升华为更大的格局和境界。这种超越意味着一种改变、变革和突破，突破既有的有限状态，获得一种更高更美好的存在状态。理想使人生有了长度和方向，指向未来，而不只是漫无目的地活在有限的当前。一般而言，现实生活中，人们的理想往往更多地关涉个人的日常生活、未来成长、可能成就，向往着个体的人生未来——期待更好的自己，更好的生活。这样一种基于个体的人生经历和生活奋斗的理想生成，相对而言比较贴近现实和个体。这是普通大众的实际理想现状，特别在这样一个主体性和世俗性较为突出的年代，这种现状就更为明显。此种追求本身并没有错，与没有志向和追求，只是躺平和摆烂，生活变成了堕落的、腐烂的虚度年华相比，这反而是一种积极的人生态度。从"小我"做起，为自己的人生负责，为自己的未来谋划，追求更幸福的生活。同时，我们也应该看到，一些人在局限于自己的小理想、小利益中，不知人生为何，失去了生活的奋斗意

---

① 《习近平著作选读》第 1 卷，人民出版社，2023，第 132 页。
② 《习近平著作选读》第 1 卷，人民出版社，2023，第 132 页。

义，单纯地为了某种生存目标而活着。生命没有了宽度和视野，失去了丰富性和饱满度，变得局促而狭隘；生活没有了活力和生机，像一潭死水，没有了波澜和涟漪。忙忙碌碌、孜孜以求不知为何，伟岸的生命被束缚在了现实的蝇头小利之中，长长的一生被压缩进了几个世俗目标中，失去了舒展的空间。

但是，如果这种理想升华为一种崇高的理想，人生的厚重感和意义感就会沉淀凝聚出来，这种价值层次、精神境界和奋斗格局就超脱了有限的人生状态，生命获得了一种不断超越自我的成长。这种成长超脱了小我的界限、自我的束缚，获得了更宽广的人生视野和生命境界。此时的我不再只是我，同时也是万物，生命里不仅只有自己的奋斗，也有别人的足迹，当自己的奋斗和事业为别人带来幸福的时候，人生不仅仅是自己对自己的回忆，还会被别人回忆和赞赏。这种超越自我恰恰又获得了自我，超越有限又获得了力量。同时，这种崇高除了来自自我内在的价值与意义、境界与生命追求之外，也是外在的社会现实需求和原则。社会是众人的群体结构，如果每个人都站在自己的生活角度和立场上，以原子化的个体来追求自己的权益，那么，在对资源和利益的获取中，就会陷入一切人对一切人的战争。社会虽是由个体组成的，除了个体性的生活追求之外，也存在公共性的事实，来维持这种和谐与整体性。而这种公共性的实现方式除了法律法规整合外，在个人的层面就表现为从内在超出个体有限性和小我，获得一种包容和扩展，解构主体间性的矛盾和冲突，获得一种融合。此为理想的崇高之所在。崇高的理想拔高了人生的境界，拓宽了人生的视野，增强了生命的实践力量，使生命变得丰富和饱满起来，使社会变得更加和谐相融，成为真正的共同体。

（二）信念

信念是人的价值观念的一种精神形式，"是指人对某种现实或观念抱有深刻信任感的精神状态"①。人们相信这样一种价值观念，并且在它的驱动下笃信力行。"信念"是由"信"和"念"两个字组成的，"信"是相信，"念"是意念，即相信一个对象或观念，并且内化为一种意念，成为一种价值观念。哲学家罗素认为，信念"是由一个观念或意象加上一种感到对的情感所构成的"②。而人们之所以会相信以至笃信力行，是因为"信念是人们在生活实践中实际地体验了怎样想和怎样做才有益、有效的基础上，自然地形成的一些思考和行动的模式"③。这种实际体验后的有效有益，不断地得到证实，会获得主体情感的认同和许可，两者结合自然会形成相对稳定的思考和行为模式，成为人们现实中具体实践的定向形式，为人们的实践提供选择。

　　"信念"往往指向较为具体的事情或观念。信念总是与人生经历和社会实践的具体发展相联系。人生经历和社会实践的具体发展总是由一连串的事件组成，在完成这些具体事件过程中的知识选择和情感投入，最终转化为人们继续推进类似事件的精神准备和支持，内化为心中的定向认同。这种实际体验中的经历、感受和体悟，会逐渐沉淀为相对稳固的观念意识和行为选择。并且，"信"有相信的对象，这种对象往往是具体的，知识性的获得的，在真实而直接的经历、感受和体悟中，获得情感的融入，上升为一种"意念"。"信念"为实践的具体展开提供精神支撑，这种精神支撑既表现为对未来"未知"领域的努力突破，也表现为在具体困境中的不懈坚持。"信念，通常是以某些'已知'（经验和知识）为根据，通过朝向未来（未知）的想象、预料和推断表现出来的。"④ 在已经获得知识的地方，人们可以按照知识来实

---

① 李德顺：《"人生价值与理想信念"笔谈四篇——人生与信仰》，《湖湘论坛》2001 年第 1 期。

② 罗素：《人类的知识》，张金言译，商务印书馆，2005，第 183 页。

③ 李德顺：《论信仰》，《前线》2002 年第 2 期。

④ 李德顺：《人生哲学的两个视角》，《党政干部学刊》2014 年第 12 期。

践，而面对未知的领域，则往往需要坚守心中的信念，才能在无法预测的探索中获得突破的勇气和胆识。在朝向未知的领域中，往往没有标准和参考，要想坚持深入，就要有信念这种精神力量来支撑，给人勇气和毅力，形成判断。另外，当人们在具体实践中陷入困境，没有参考的方法和经验，无法继续推进，甚至行将放弃的时候，这时信念的力量就会显现，促使我们坚持心中的期待，无论未来结果如何，也要坚韧不拔，充满决心，保持确信，一步一步地去完成。

（三）信仰

如果说信念是以具体的事物为对象，建立在有限的知识和经验之上，具有有限的有效范围的话，那么，信仰则是具有最大普遍性的、最高价值的观念，是关于宇宙世界、社会人生最为根本和总体性的看法。对一个人而言，信念往往具有多样性、多层次性，而信仰则往往是唯一的、根本的。信仰使人类与外部世界建立了一种整体性，超越了人类与外部物质世界的局部性和单一性关系。"心中有信仰，脚下有力量"[①]，它能深度激发人的精神动力。

"信仰"由"信"和"仰"两个字组成，"信"指相信，而"仰"则指向上、依赖的意思，相信以至于敬仰，相信到依赖的程度。"'仰'是一种整体性的精神姿态，它能调动人的全身心，包括意志、情感、智慧和力量，在人的意识中起着调节中枢的作用，使人的整个精神活动以它为核心和导向。"[②] 信仰来自信念又超越信念，当一种信念被形塑为、强化到最高价值观念，成为所有信念的根据和前提的时候，它就转化为了信仰。"信仰这种精神形式的特征，就在于始终把某种最高信念置于思想和行动的统

---

① 习近平：《在"七一勋章"颁授仪式上的讲话》，人民出版社，2021，第2页。
② 李德顺：《人生哲学的两个视角》，《党政干部学刊》2014年第12期。

摄地位上，使人的精神活动形成了一个完整的导向，并调动各种精神因素为它服务，成为人生的'精神纲领'和'主心骨'。"①信仰是整个人的精神意识的中枢，处于支配地位，调节着人的整个价值世界和精神生活。"从根本上说，信仰的确立，并不在于对某种抽象观念的追求，而在于对人类自身的本质力量和生存发展方向的把握。"② 信仰虽然是至高的价值观念和精神形式，但它并不是主观的臆断和想象，而是来源于人类对自身生存发展的能力和需要，来源于现实的社会生存实践和人生理想追求。当人类急切地需要什么的时候，就急迫地期待什么，信仰什么。

信仰作为人们内在世界的精神力量，能够迸发出巨大的能量，产生坚强的毅力和永不放弃的韧性。但是，这种巨大的驱动力和支撑力潜藏在生命体中，并不随意显现出来。当事情一帆风顺的时候，人们并不会察觉到它的存在，而当困难和挑战席卷而来，将人们带入巨大的困境或灾难之中，甚至让人们失去可能的努力和勇气以及希望和坚守，无法获得外在的依赖的时候，这种力量就会爆发出来，成为支撑人们的最后一根支柱。当所有的困苦压迫而来，所有的坚持都用尽的时候，最后支撑人们、使人们不倒下的往往是信仰。内心的力量是伟大的，当它真正被挖掘出来的时候，就会迸发出让人折服的能量。信仰如同弹簧，越是在困境压迫的时候，越能反弹出巨大的支撑力，这种力量越是在困难中越会散发出巨大的能量、迷人的光彩。

信仰作为一种精神力量，同信念一样，只有融入生命的体悟和情感之中，共振于人生的实践和成长之列，才会表现出强大的力量，这种力量和生命的融入也会更彻底、更深入。但是，这种力量可能是自觉的，也可能不是自觉的，特别是某些信仰，将无

---

① 李德顺：《人生哲学的两个视角》，《党政干部学刊》2014 年第 12 期。
② 李德顺：《"人生价值与理想信念"（笔谈四篇）——人生与信仰》，《湖湘论坛》2001 年第 1 期。

知和未经审视的本能渴望提升为对神秘力量的顶礼膜拜和盲目信奉，失去精神自主、思想自由和行动自觉，成为信仰的牺牲品，而不是用信仰成就人生社会。因此，信仰是对主体自身生存发展自觉而本质的把握，是建立在理性思考、自我反思、自由选择的基础上的价值内化和情感认同，是科学的。信仰表达的人类精神和生命实践应当是自主自立而非盲目被动的。

三　共产主义理想信念

共产主义理想信念由共产主义"理想"和共产主义"信念"两个词构成，这两个词彼此支撑、相互融合，共同呈现出共产主义理想信念的特别内涵。

首先，理想是价值观念的未来形象和预期目标，共产主义理想的未来目标直接指向共产主义社会，而信念则是实际行动过程的思想和行动坚守，以及实践和路径选择，直接与共产主义的现实进程及其精神状态有关，两者在实践中相互支撑、彼此推动。共产主义理想是对未来目标的（图景化）表述，而这种目标的实现，却依赖于实践过程的积累推进，这种实际推进需要人们获得对共产主义理想的认识，并坚守这种情感和意愿，从而形成共产主义实践的路径选择和方式。在实践过程中要坚守共产主义理想、坚持内心的选择，坚持不懈做出实效，从而不断靠近这一理想。共产主义理想信念既说明了共产主义理想的未来性，也说明了共产主义实践的过程性和坚韧性，突出未来目标，强调现实过程及其精神支撑。在实现共产主义社会的过程中，如果没有对各种对象、事件的正确认识和判断，以及推进过程中对困难和挫折的判断和克服，那么理想也只能变成空想，而无法获得实践的呈现形式和展开方式，理想需要实践的信念——共产主义信念。而没有共产主义这一伟大理想，人生的各种信念就会分散凌乱，无法在一种共同的目标中汇聚方向、彰显力量。

其次，共产主义理想信念突出了一种现实的理想性和理想的客观主义精神。面对共产主义宏大理想的超越性，始终保持一种脚踏实地的奋斗精神。"理想信念不是拿来说、拿来唱的，更不是用来装点门面的，只有见诸行动才有说服力。"① 而在现实的实践中，又不囿于现实的客观必然性和狭窄性，不在现实的困难中丧失希望和梦想。共产主义理想信念给单纯的信念赋予方向，既否定了虚幻缥缈的想象，也否定了毫无目的的执着坚守和客观性的局限束缚，保持了对现实的理想性。同时，如果仅仅是坚守过程，就会囿于困境，在客观性和必然性中逐渐热情消退、初心不再，转变为被动的忍受。深度融入当前的事件而不能自拔会遮蔽人们的眼界与视野，被封存在必然性之中。坚守不是被动的承受，而是心怀希望的进取，不迷失共产主义方向。

再次，在一定程度上，共产主义理想本身会被确认为一种信念，获得深入相信和践行的力量。信念总是带有某种预期的效果和想要的目标，人获得某种信念，这种信念就往往隐含着一种力图实现的目标和可能，期待达到的效果，这种期待虽然有大有小，但在相应的层级上实质地表现为一种理想，理想将这种效果和目标明晰出来，共产主义理想正是这样一种信念。

最后，共产主义理想信念包含着生命教育的内涵，它使生命不脆弱，有韧性；不狭窄，有高度和宽度。生命的韧性既包含身体的健康，也包括精神的坚毅。当人在生活中陷入困境的时候，肉体上的压制并不会使他倒下，而让他真正倒下的，往往是精神上的坍塌。生命并不是一堆生物现象和物理原则，驱动生命的不只是自然界的客观规律，更是内在的精神力量，它提升了生命的品质和厚度。精神是人们在困境中最后的力量支撑，它支撑着我

① 《习近平关于全面从严治党论述摘编（2021年版）》，中央文献出版社，2021，第174页。

们做最后的坚持和斗争，这种看不见的内生力量给予生命以巨大的能量。

　　共产主义理想信念的培育贯穿生命时段的全过程。当人年轻气盛、意气风发的时候，往往充满理想，有很多的期待和憧憬，向往着未来社会的一切美好，却在现实的努力中，缺乏坚韧和忍耐，在问题和困难面前容易气馁，实际上成了一个理想主义者而缺少现实主义的精神。而当生命跨入中年，逐渐迈向成熟阶段的时候，人在经历了许多现实事务后，又往往过于实际和保守，把世俗当作信念，对伟大理想不屑一顾；虽然能够面对生存的压力和挑战，但不知人生的目的和意义，丧失对生命的憧憬与期待、高阔和宏大。人们在理解世界的过程中，失去了自我，肢解了主体的精神自主性和完整性；在追求人生理想的过程中，缩小了自己的人生界限，失去了更大的世界和自我。与其说这是人生历程中的一种成熟，不如说这种成熟是一种丢失自我的世俗适应和不自觉的无奈。生命是用来奋斗的，青年要不负韶华，不负时代，不负人民，要有大格局、大胸怀，胸怀理想，坚韧不拔。因此，生命年轻的时候，既要做一个理想主义者，也要做一个现实主义者，面对困难和未知，有足够的信念来承受压力、迎接挑战，在实践中坚韧不拔；生命壮实的时候，在经历风风雨雨，承受了巨大挑战的时候，更应该保持心中的初心和愿景，对生命有所期待，焕发青春活力，这种理想的最高远境界就是共产主义理想信念。

第二节　共产主义理想信念的内涵解析

　　共产主义是一种远大的理想和崇高的信念，具有十分丰富的内涵。总体来看，共产主义理想信念内涵的丰富性可以通过以下三个主题来呈现和彰显：人的异化及其扬弃，劳动分工及其重构，自由人联合体社会。人的异化及其扬弃彰显了共产主义的问题逻辑起点和现实剖析依据，充满了对人的生存境遇的深深同情。劳动分工及其重构将对人的现实境遇的同情和观照引向客观的生产劳动结构，以超越个体的宏大方式剖析人的真实存在的政治经济学逻辑。自由人联合体社会则试图从历史演进的客观规律中，展望未来美好社会构建的价值基础和可能原则。三者从总体上共同勾勒了共产主义理想信念的丰富内涵。

一　人的异化及其扬弃

从整体上看，某种程度上，异化思想构成了马克思整个学术思想的逻辑起点，这个逻辑起点集中反映了他的现实关切和问题导向，影响着他的批判向度和未来理想，只是这种对问题的切入和描述最初是以哲学的方式呈现出来的。正是对个体人生命运的关怀，特别是对当时工人生存境遇的同情理解，才使他把目光投向人的异化及其带来的深重灾难，考察这种异化的人生境遇究竟是如何形成的，进而以一种现实主义的精神和客观主义的态度，将人的生存引向现实，剖析生命活动的真实指向和人类实践的展开方式，揭示资本主义社会造成人的异化的结构性存在，并以一种充满理想的热情，构想了人类未来社会的美好图景。

大致来看，在马克思的思想演进历程中，对人的本质的探索，在前后两个时期进行了不同的界定，前一时期人的本质是"自由自觉的活动"，后一时期人的本质是"感性对象性"的实践。这种前后不同的界定在逻辑上是对人的本质研究的深化，而最终形成的具有相互联系的双重界定，即分别从内在和外在两个维度共同阐明了人的根本特征。人的本质有一种内在的生命冲动，这种冲动是一种自由自觉的生命活动力，它不只是寓于身体之内，向内超越的生命力量，而且最终要展现为向外的对象性活动，通过物化的方式展开，并表现为特定的形式。这种自由自觉的生命力量在最本质的层面标志着人之所以为人的存在，而不是其他的力量或观念具有这样的内在规定性。并且这种力量的本质性特征是人的感性对象性的实践，它要向外展开以获得自己的存在方式。正是这种力量及其实践驱动着人类文明源源不断向前发展，虽然这种发展会经历曲折。

这种曲折在近现代资本主义生产方式产生以来，是以一种不同于中世纪宗教异化的方式展开的。人在资本主义这样一种生产方式的运转和结构性压迫中，为了生存，沦为生产线上的工具和资本积累的要素，"工人在精神上和肉体上被贬低为机器……变成抽象的活动和胃"①。"不得不出卖自己和自己的人性"②，并深化为意识形态中的奴役和不可自控。外在世界对内在世界造成巨大冲击，主体不受自己独立自主的控制，人处于一种外在的、异己的力量支配的生存状态之中。近代以来人类追求的这种实现自我的过程变成了失去自我的过程，人们在现实中展现自己的本质力量，不断拼搏、追求理想的过程中，受现实的利益纠葛和权力关系支配，失去自我、随波逐流，进而不能对自己的命运起决定作用，不知道自己最重要的是什么，无法理解自己的内心和情感。内在精神和外在生命力被现实的社会关系——包括政治经济关系、社会生产关系——规训和利用，而这种关系是一种结构性的客观存在，是由分工所引起的对人的主体性的分解和系统性压力，个体越发弱小，而系统更加强大。这种系统性合力就是资本主义生产方式。

共产主义正是建立在这样一种批判之上，并力图克服这样一种异化的生存境况，共产主义是"人的自我异化的积极的扬弃，因而是通过人并且为了人而对人的本质的真正占有"③。自我异化的积极扬弃或对人的本质的真正占有，在最高层面凸显了共产主

---

① 《马克思恩格斯文集》第 1 卷，人民出版社，2009，第 120 页。
② 《马克思恩格斯文集》第 1 卷，人民出版社，2009，第 122 页。
③ 《马克思恩格斯文集》第 1 卷，人民出版社，2009，第 185 页。

义的价值理想和实践目标，表达了人类自由自觉地获得自我和实现自我的人生追求和社会理想。人类自我决定、恣意发展、自由创造是一件极其幸福的事，是文明的最高价值。

而人对自我异化的扬弃和对本质的获得，逻辑上表现在两个方面，或者说，自由自觉的生命活动转化为创造性实践是要获得两个世界的自由，一个是对现实力量的支配性，一个是内在精神的自主性。具体而言，对现实力量的支配性是指人们能够获得实际的物质和资源，获得促进自我发展的外在条件，通过知识把握这个世界、理解这个世界，在实践中改造这个世界，进而将这个世界探索开来，实践开来的一个过程。这是一个拓展、延伸和放大的过程，只有人类自由地去探索这个世界，极尽所能地用自己的生命力去实践，这个世界才会在不断地延伸中向我们展开。这个世界在多大程度上向我们展开，取决于我们在多大程度上去自由地实践创造——把它纳入对象性的实践之中，这个自由创造也是获得外在自由的过程。这既是一个遵从客观现实性的过程，也是一个打破局限性的过程（同一个时代的人，他们所把握和理解的现实世界，获得的自由常常是不一样的）。这是两个"自由"中的第一个自由，即通过人的生命创造，使世界自由地向人呈现，生命也在更大的空间中获得伸展和变通。

而第二个"自由"——内在精神的自主性——意味着，当人走向世界的时候，不是被世界束缚，被自身所探索的知识束缚，失去人生的意义，失去自我的中心和自由的意志；不是人获得世界的知识和经验越多，心灵的空间越小，生命的意义和生存的价值被这种知识和经验挤占解构掉；不是得到的世界越大，获得的自我越小，理解了世界，却不能理解自己的生命，不能控制自己主观世界。人获得外在的实践自主，去探索世界，内在的精神自主则是要将这个广阔的世界带回自我，纳入自我的内心，把整个世界装在内心，归入自我的精神生活和意义感知之中。用内在自主的精神、价值和判断来描绘我们的生活，并进一步把这种内在的生命力推向外部，变成更为广阔的世界创造，更为宏大的人生展开。这种扬弃自我异化的过程，使人既在内在世界占有自我，也在外在世界获得自我，既在心灵世界、意义世界，也在物质世界、现实生活世界的双重层面成就人的自由，获得生命的自主。并且这两种自我共同构成同一个自由自主的自我生命本质，即马克思所说的"作为完成了的自然主义，等于人道主义，而作为完成了的人道主义，等于自然主义"[①]。

二　劳动分工及其重构

自我异化或人的本质异化的根源不在于人自身，也不在于人的某种精神世界或价值观念，而在于现实的劳动，即生命自由自觉的实践退化为劳动的生产力，这种劳动生产力的本真内涵在于它是一种物质意义上的生产要素。主体作为生产要素不是孤立地起作用，而是与其他生产要素组合共同运转，呈现出一种结构性的存在。人被转化为了劳动力，从生产工具的意义上被界定，安插在生产体系的结构中。这种生产能力不再是完整意义上的人，不是全然自主的。

在一定程度上，劳动分工通过将主体能力专业化和行为标准化的方式，提升劳动生产率。生命的所有力量通过一种标准化的方式，转变为源源不断的产品呈现。这种转化过程被一种物化和合理化的意识形态笼罩着，自由自在的生命力量在转化为现实的实践的时候，会受到外在和内在诸多因素的影响，内在世界的精神力量和外在世界的行动力量都要通过一种方式获得组织性，既不是混乱无序的，也不是感性化、情绪化或无组织的。因此，如何理性有效地组织这种生命力量，合理地显现内在的期望，形成

[①]　《马克思恩格斯文集》第 1 卷，人民出版社，2009，第 185 页。

组织架构和生产过程，往往成为一种超越于单纯主体愿望的历史进程。现实世界的效率原则以及对这种原则的理性认知，共同推动了这样一种方式的实现。这种意识形态既在逻辑上取消了精神理性的自主性，也取消了实践行为的独立性，转变为一种被顶层安排设计的合理性。然而，"全部人类历史的第一个前提无疑是有生命的个人的存在"①。人首先是一个生命有机体，需要维持自己的生命和机体的存在、延续。正是由于这一事实，资本主义生产方式强化了人的物性存在，为了将机体所界定的生活持续下去，人们被迫服从于这样一种劳动过程，而不至于饿死，即"资本家没有工人能比工人没有资本家活得长久"②。

这种劳动组织架构，是以效率所掩盖的资本无限积累为根本原则的，压制了人们劳动的自主性，是一种纯粹追求资本无限积累的工具性实践强制。从资本主义劳动过程的整体性结构来看，以工厂、大机器、流水线、精细化分工和标准化动作为特征的组织行为架构，将工人束缚在既定的生产流程之中。这种既定的流程以效率和资本积累为唯一原则，具有封闭性和稳定性，人被压制在这样一种生产结构中，不是自主的支配过程，而是机器的附庸。在这种附庸中，人也不再是完整意义上的人，人的五官变成了生产工具的延伸，被肢解为机体的动作。生理活动要根据机器的时间来划分，身体的节奏顺从生产的节奏，生命没有了它的自然过程，生活没有了它的社会过程。这种分工不仅肢解了身体的整体性和生命的自然节奏感，实际上也消解了生命的创造力。生命不是自己感受到的一个整体，生命整体的迸发受到压制，并被转化为单调的、无意义的标准化动作。生命的整体性、意义感、激情和冲动被行为的单调性过滤掉、消解掉，无法释放内在的

---

① 《马克思恩格斯文集》第1卷，人民出版社，2009，第519页。
② 《马克思恩格斯文集》第1卷，人民出版社，2009，第115页。

能量。

同时，分工带来的压制深化到工人的意识和精神层面，排除了独立的主体思考，劳动的整个过程不需要头脑和思想的主动参与，抽离了自主意识，只需要照单执行。人的思想的自主性和自由被各种规则的遵守和文化的强加所压制，在劳动过程中通过效率话语与分配刺激，沉淀为一种价值认同和物化的意识。这种意识不是对自己精神价值的认同，而是对独立于自身之外，对自身起支配作用的结构和理论的认同，自我意识变成了控制自己的异己物。并且，当贫困的工人为了维持生存，不得不整日工作的时候，工作就占据了他们的几乎全部时间，除了生理的休整之外难以有自由时间，分工就占据了他们全部的生命历程，他们的一生就转变为劳动力和单调动作集合的一生，主体在这种生存境遇中自然会被形塑为非人的存在。在某种意义上，单纯的分工并不是问题的根源，许多巨大工程需要分解并获得人类协作，问题的根源在于，如果一个人一生都在狭隘的分工中度过，全部的生命都被压缩到一件无意义的事上，而没有自由时间发展兴趣、从事其他实践，那么就会造成生命实践本身的失败。

所以，资本主义的这种劳动分工在实际上表现为对人的生命活动的一种肢解，一种总体性的解构——这种总体性受到非文明的现实结构的压制，被化约为生产要素和物化意识。人虽然是一种具体的存在，但在每个具体的阶段，又表现为生命的总体性特征，人的五官、心灵及外部世界构成了人的一个完整的实践活动，这种实践活动是合目的性与合规律性的统一。劳动重构的本质内涵之一是，劳动是生命实践的参与，而不是劳动力的退化，劳动是一种生命沉浸式的体验和创造过程。人在劳动中需要获得一种总体性，一种符合人的尺度和物的尺度的统一性——生命是物化的创造，同时这种创造又能够说明自身，发展自身。劳动既是生存的需要，也是精神的需要（在劳动中获得生存的意义和他人的认同），人非动物，生存之上更有精神自由和意义世界。创造一种属于人的世界，而非资本的世界，而这种总体性的获得需要一种怎样的制度安排，则需要在实践中摸索。从整体上看，生产力的组织和运用，即现实实践的组织架构需要符合社会良善价值，在社会良善价值的原则下，将生产力的效率发挥到最大。只有在这样的实践组织中，生产力才不会产生破坏作用，才能更加彰显生命的内在创造力。而从具体上看，自由时间则是一个重要的实践方向。自由时间的增多，一方面意味着生产力的发达，每个人能够以最短的工作时间获得相应的生存需要，同时能够有更多的时间从事其他感兴趣的创造活动，生命的总体就在这种扩大的人生剖面中展开了。同时，这也并不意味着工作时间是无意义的单调的分工，而是生命创造的过程，此时的各种分工实际上变成了全面的体验和生命实践。

三 自由人联合体社会

马克思在对未来社会的展望中，认为共产主义社会是一个"自由人联合体"的社会，即"未来的新社会是'一个自由人联合体'"① 的社会。人不是孤立的存在物，而是社会关系的总和，这种社会性表达了人的存在方式和实现形式，而不是对主体自身的压制和取消。从本质上来看，人作为一种有待展开和实现的生命存在，有其展开和实现的方式，而这种方式不是单纯的向内的冥思和道德超脱，获得心灵的慰藉和精神的解脱，通过纯粹地改变眼光和解释世界的方式来获得一个不一样的世界观。纯粹的向内超越往往是可贵的，但同时也可能是无力的。相反，这种力量的获得在最严格的条件下，是存在于现实的实践中。所以，人类追求自由、渴望自由，逻辑上是可以实现的，但这种实现是通过

---

① 《马克思恩格斯文集》第 5 卷，人民出版社，2009，第 892 页。

外在实践和社会性的建构来完成的，而如何通过这种离开自我的方式来获得自我，不至于在进入人的真实存在的社会性建构中丧失自我、失去自由，则是需要深刻剖析的主题。

人类从传统到近现代的历史进程，展示了这样的一个逻辑事实：从传统共同体中解放出来，试图通过个人主义的自由主义传统来获得自由，而又被迫陷入一种资本主义的结构性生产方式和社会建构之中，进而成为孤立弱小的原子个体，无力对抗这种结构性，而被迫彻底整合进异化社会结构之中。具体而言，近代以来，西方社会从对传统政治伦理共同体的反抗中挣脱出来，逐渐建构起滕尼斯所揭示的社会模式。以财富独立和个人自主为核心的经济理性启蒙为基础，对抗传统共同体，特别是中世纪宗教法权和近代君主专制对个体的压制。个体属于一定的共同体，但个体的自主性也消解在这样的共同体之中，人类用自我外化的社会形式遮蔽了自我存在的真实境遇。个人主义的启蒙运动以"自由""平等""博爱"为斗争宣言，追求个体的财富独立和权利自由，获得了一种原子化的个体存在。在一定程度上，这种原子化的个体存在既是个体自由的表现形式，也是个体有限性的进一步增强。个体在获得政治上的形式自由的同时，却在经济和社会领域陷入了因个体有限性和力量弱小，而无以对抗的资本主义生产方式的整个结构性体系之中。原子化的自由使人失去了集体力量的支撑，往往使个体既变得膨胀和无束，也变得脆弱和有限，这种脆弱和有限是人类无法借助集体性的联合来对抗超越于个体的整体性的异己力量造成的。从追求自由到失去自由，最终造成自由人之不可得。马克思正是基于这样一种逻辑事实，来重新思考人类的自由形式和实践路径的。

人是一种自由自觉的生命活动，自由是生命的本质，这种自由表现为人的存在，显现在个体身上，而往往被误解为一种个体化的自由，理解为群己权界的关系，并深入地表达为财产的个人所有。而在本质上，个体总是与超出自我的各种社会关系交织在一起，这种社会关系的本质属性是生产关系，从属于生产方式。个人自由的社会建构逻辑本质上要将个人自由推向生产领域，推向社会层面，在生产结构中变革和完成，形成劳动的共同体。在共产主义社会，"他们用公共的生产资料进行劳动，并且自觉地把他们许多个人劳动力当做一个社会劳动力来使用"[①]。以公共的生产资料为基础，在整体层面协调劳动力，而形成的产品是一个社会产品，"这个产品的一部分重新用做生产资料。这一部分依旧是社会的。而另一部分则作为生活资料由联合体成员消费"[②]。生产资料不属于个人，没有剥削的基础，而社会产品也由全体成员消费。但并不是说这种生产就没有效率，消费就肆无忌惮，而是说要在社会历史的进程中，探索其现实形成。马克思尝试给出一种思考："这种分配的方式会随着社会生产有机体本身的特殊方式和随着生产者的相应的历史发展程度而改变。仅仅为了同商品生产进行对比，我们假定，每个生产者在生活资料中得到的份额是由他的劳动时间决定的。"[③] 生产的激励和消费的获得需要找到其价值逻辑和经济逻辑，生产的激励不是以剥夺他人和扩张私有财产为基础，而是以发展兴趣、实现自我，并为这种自我实现提供充足的现实条件，从而在这种双重构建中重整生产关系基础上的社会关系，推进自由人与自由社会的实现。

这种实现所构成的主体间性关系的实质是一种人的逻辑对资本逻辑的超越。这里，人的逻辑不是纯粹的主观价值逻辑，而是人的价值理性与人生存的客观性的内在统一。人与人之间的关系不再是一种斗争的、异化的利益和工具关系，不是一切人对一切

---

① 《马克思恩格斯文集》第 5 卷，人民出版社，2009，第 96 页。
② 《马克思恩格斯文集》第 5 卷，人民出版社，2009，第 96 页。
③ 《马克思恩格斯文集》第 5 卷，人民出版社，2009，第 96 页。

人的战争，而是在共同的生产资料劳动和分配中，既形成共同的情感和价值，形成人与人而非工具与工具的关系，又形成以兴趣和发展趋向为基础的科学的利益激励方式和物质提供方式。个人的努力实践既是自身内在兴趣、人生价值使然，又会得到社会的承认和回报。这种努力的结果既是自己的实现，又为他人的实现创造条件，而他人的努力也是自我实现的条件，只是这种协调不是以私有财产的异化占有，以剥夺这样一种极端野蛮的行为并冠以经济效率来实现的，而是价值逻辑与经济逻辑的统一。在此基础上，形成真正的共同体，而非虚假的共同体。

第三节　共产主义理想信念的精神要旨

通过对共产主义理想信念丰富内涵的主题性分析，可以看到，蕴含在这些丰富内涵的底层，是一般性和本源性的人类精神价值追求，它构成了共产主义理想信念的内在价值支撑。这些一般性和本源性的精神价值追求主要表现在三个方面：生命创造的本真渴望、财富生产的共享愿景以及群体相处的和谐追求。生命的本质不是生存而是创造，创造是生命的内在冲动。生命的外在生存希望获得公平正义、丰富充足的物质支撑，而人作为一种社会性存在，同时渴望构建一种和谐的群体生存结构。

一　生命创造的本真渴望

人类思想史上先圣贤哲对生命的理解，大致可以分为两种，一种在理论逻辑上相对消极，另一种则较为积极。就较为消极的一种来看，其总体性特征是，或者认为世界是一个理性的存在，生命的所有活动必须遵循这种理性安排，如斯多葛学派认为宇宙"是一个有组织的、有理性的体系，一个美好而井井有条的整体"①。"遵从自然而生活，就是要使人们的行动符合理性、符合逻各斯，或过好的生活。"② 这种认知削弱了生命的创造和能动性。或者认为生命是一团无穷无尽、毫无秩序的欲望而已，如叔本华认为"任何人生彻底都是在欲求和达到欲求之间消逝的"③，生命是一种无尽的欲望。除此之外，还有介于两者之间的其他差异化认知和表述。而较为积极的一种则认为生命具有积极性力量、能动性，只是，一部分思想家将这种能动性单纯地引向了人的内在世界，转变为一种向内超脱的生命力量，引发出一种人生境界。而马克思主义及其共产主义则对生命表达出一种科学的能动观，这种能动性在本质上是一种创造性，是自由自觉的生命创造，人类可以通过这种实践创造出美好的生活和社会。创造的能动性表达了生命不是日复一日的无所事事，或者没有意义的度日如年和消磨时光，不是化作均等的工作时间用以交换工资的时间商品，以及肆无忌惮的挥霍消遣，更不是听凭客观性的束缚和规律的压制而默默无闻，而是迸发出一种积极向上、努力进取、坚韧不拔、勇于实践的生命冲动。与其他诸种思想对人的理解和阐释相比，这在本质上凸显了共产主义的开放乐观态度和宏大奋进精神，表达了共产主义社会理想的光辉人性和共产主义精神信念的生命伟力。

这种生命创造是一种摆脱了动物尺度被动性和社会异化结构压迫性的创造，这种创造通过感性对象性的物化方式展现出来。一方面，人作为自然物，生活在自然物质世界和身体机能之中，受制于自然规律，具有自然之我的特征。自然之我往往有身体本能支配的一面，受欲望、冲动和本能等身体机能的潜在影响和纠缠，具有被动性和自身的有限性。但正如恩格斯所言："人是唯

---

① 梯利：《西方哲学史》，葛力译，商务印书馆，2019，第119页。
② 梯利：《西方哲学史》，葛力译，商务印书馆，2019，第119页。
③ 叔本华：《作为意志和表象的世界》，石冲白译，商务印书馆，2021，第427页。

一能够挣脱纯粹动物状态的动物——他的正常状态是一种同他的意识相适应的状态，是需要他自己来创造的状态。"① 人与动物的不同之处在于，人是一种不断进取和超越的生物，内心有期待和希望，亦即有理想（这种理想的最高远境界是共产主义）。人不是被大自然给予生存，被既定的现实规律支配，在自然的尺度上活着。人的能动性和主动性可以使人超出人纯粹的生理需求，束缚欲望冲动，超脱人的自然性和有限性，按照主体的期待、美的尺度去生存。能够按照心中的理想去积极改造，可以在价值的尺度上创造生存，达到超越性与自由。人如果失去这种期待和希望，失去创造的力量，那么人的生存与动物本能地活着又有什么区别。这里的自由不是内在境界的安宁，而是对自身和外在客观限制的超越。当人类将这种自由自觉的生命力量引向外界，来改变现实的时候，人类期待的是通过自己的价值尺度，创造更加美好的生活和社会，也即通过生活和社会这种现实化的方式，来显现生命的力量和价值。当然，人类将这种创造力量展开为创造过程的时候，会面对物质世界的规律性和现实社会的客观性。并且，在根本上，生命不会囿于有限的时空，不会甘于渺小和脆弱，有限性并不能束缚人超越自我、发展自己进而遇见更好的自己的渴望和努力。

另一方面，更为重要的是，当人在实践中实现自己的时候，这种实现自我的冲动一定是要向外转化为一种现实的力量，反抗不公正的社会奴役和压迫。马克思对人的生命创造的揭示，是通过对近代资本主义社会中人的生存境况恶化的社会化分析来实现的——特别是资本主义的整个社会生产力结构和生产关系的样态。当这种结构和样态借助资本和政治权力构建为一种压迫关系和剥夺关系的时候，人的本质力量就转化为一种工具性的存在而非自主的能

① 《马克思恩格斯文集》第9卷，人民出版社，2009，第408页。

动性，生命力量就失去了创造的本真，成为被支配的工具，没有了自主性和独立性。人当然不希望在实践中构建出一个压制自己、敌视自己的生存方式和社会环境，也不希望创造出一个少数人的生命自由，而多数人的生命受到奴役的社会。生命创造的实践在本质上是为了创造一种自由实践的社会结构，这个社会结构为个人的进一步创造提供基础和条件。生命的这种自由不是自由地去压制别人，而是自由地去创造，创造自己的未来，创造人类的未来，否则在逻辑上就自相矛盾。

二　财富生产的共享愿景

财富生产的共享愿景，本质上表达了一种共同富裕的理想生存画卷。它是基于生命本身的平等和尊严以及发展需要，期待获得公平正义而充足的资源基础和机会条件，促进每一个生命有尊严地绽放和充分地自我实现。人类是有生命的个体，无法仅仅靠观念生存，财富获得的减少直接造成个体生存境遇的恶化，这种恶化的本质含义是人的行动能力和发展能力的弱化，是对人的解放的基础性限制。

而财富鸿沟在人类历史上自私有制产生以来，有着悠久的历史，在不同的历史时期，总是存在小部分人占有社会的大部分财富，而大部分人则处于贫困的底层。富人及其政治精英占据统治地位，这种财富占有的两极分化现象在理论上表现为西方精英主义的思想传统，并被当代精英主义者伯纳姆、米尔斯等人延伸至今。人类生存依赖财富，而财富领域的斗争代表了人类最残酷的斗争，并以不同的形式表现出来。财富鸿沟伴随着人类历史的全程，使无数的人生境遇变得极其艰难，人类基于文明意义上的生命平等受到挑战。人类文明如何克服这种历史进程中的弊端，构建一种财富共同生产、共同享有的高水平社会经济文明发展模式，一直是历代思想家孜孜以求的期望。

　　财富生产及其共享之所以成为一个问题长期存在于人类文明之中，有其本质指向，即经济社会非正义的生产和分配方式带来的财富获得的巨大差异。这种巨大的差异并不是由生产方式的改进、管理的提高、技术的发展、才智的积累或辛勤的劳动造成的，特别是在现代资本主义社会，它是通过剥夺、投机以及非正义的生产组织和制度安排而形成的。现代资本主义社会的财产收益远远大于劳动收益，即"r>g"①，劳动变成了贫困的根源，而不是致富的途径。这种非正义的财富差距，如果说在农业社会是以政治为主导的对土地的权利义务关系来实现的，那么到资本主义时代则主要是以资本积累和市场机制来完成的。资本具有无限积累的原则，市场具有放大财富差距的效应。在财富生产的过程中，资本所有权要求获得剩余，在市场机制下，这不仅造成生产和资本的聚集，而且造成收益的垄断，资本总是向资本更稠密的地方聚集，这种聚集性造成了生产空间的不均衡发展，而资本又比劳动有更大的话语权获得剩余。

　　因此，一方面，财富创造要消除财富差距而达到共同富裕，并不是要消除正当的因技术管理的提高或要素的改进等而带来的差距，这种差距在某种意义上，并不在本质的层面上造成财富获得的巨大分化。另一方面，人类需要基于社会文明的考量，关注普通大众，为这部分人提供基本的需要满足、成长条件和发展机会。一个社会中普通大众的生活状态，往往真实地反映出这个社会的整体文明程度。这种价值理想并不是纯粹的道德愿景，并不是不顾经济发展规律的一厢情愿，而是基于人类良知和生命尊严的现实发展模式的探索，共产主义理想信念正是这样一种价值理想和实践选择。在当前现实的发展过程中，"中国式现代化是全

---

　　①　托马斯·皮凯蒂：《21世纪资本论》，巴曙松等译，商务印书馆，2021，第28页。

体人民共同富裕的现代化"①。无论是对生产体制本身的变革或资本的引导性发展，还是对经济结构的调整，初次分配的完善，以及通过国家财税体系进行现金补贴、公共品支出、社会保障等，都积极创造一个共同富裕的美好社会。

三 群体相处的和谐追求

人类总体上是群居性的存在，而且不得不面临这种存在。虽然人类也追求个体的宁静和心灵的独处，追求主体的独立性和私人生活空间，试图置身于群体生活的嘈杂、纷繁、纠结与冲突之外，作"地上神仙""山中宰相"。但生活的宁静与心灵的独处在逻辑上并不必然与群体生活这一事实相抵触，生活的宁静可以是私人生活的宁静，却并不取消人与群体的其他功能性关系存在。而心灵的独处往往考验一个人直面自我的勇气——真正独自面对内心，而不觉得空洞和孤寂，能够充满丰富性和体验感。诚然，世俗的群体生活有其纠葛的一面，可以保持距离或理性应对，但在更宏大的尺度和根本的关系上，个体的生活内在地建构于群体之中，群体环境在本质层面哺育了一个人的生命历程。个体不仅需要从群体中获得生产联系、物质支撑、政治身份、文化认同等外在发展的支撑性条件；也需要从群体中获得理解与关怀、认可与尊重等内在生活的精神养料；更需要通过群体力量和智慧来克服人类个体的渺小、脆弱及其有限性。可以说，人类虽然以个体的方式显现，却以群体的方式存在。

人类必然面临群体生活，但一旦进入群体生活，这种生活就不完全是个体意义上的自主性，而是会带有个体融合为群体形成的客观的结构性特征。完全个体的生活相对而言更具有自主决定权，自己决定自己的事情总比自己决定和别人一起的事情要容

---

① 《习近平著作选读》第 1 卷，人民出版社，2023，第 19 页。

易，这种决定无论怎么选择，个体都会想方设法为其找到合理理由和论证。而一旦个体生活与他人相关，特别是当这种相关性关涉核心利益划分的时候，决定就不再完全遵从自我的意愿。群体的生活并不容易，特别涉及大规模的群体生活时，往往充满着或隐或显的尖锐对抗，这些对抗包括权力斗争、经济冲突以及意识形态和价值观念的冲撞等，人类过往的群体生活历史无不展现了这样一种对抗。但人类却需要面临这种不容易的群体生活，因为这既是人类的存在方式，也使人类获得物质和精神的双重需要的满足，这种需要的满足会给人类带来莫大幸福和愉悦。而这种莫大的幸福和愉悦能否达到，则取决于人类群体生活的对抗能否发生革命性的转变，能否从一切人对一切人的战争中，转变为每个人的自由发展是一切人自由发展的条件。

这种群体生活的不容易在近代以来的突出表现，是世俗生活和私人利益启蒙下的极端个人主义的膨胀和不受克制。对世俗生活、现实利益的个体化追求，使整个社会呈现出以个人为中心的交往、组织和运行方式。这种个体化最初，特别是人类从中世纪的宗教神权和君主专制中挣脱出来的时候，在特定的时空条件下，彰显了人作为主体、获得尊严和价值的客观进步性，促进了主体意识的自觉、民主自由的获得、个人权利的实现等，极大地激发了个人奋进的热情，释放了个体行动的主观能动力。然而，随着这种个体化深入人心，个人主义之中所包含的人文精神（主义）的一面逐渐被个人自私自利的意识所遮蔽，这种以现实利益为中心的个体化造成了整个社会的巨大分裂和矛盾，社会的碎片化停留在个人利益涉足的那一隅，社会的公共性逐渐被这种个体化和私人性挤压、代替。在这种关系中，共同的经验和生活世界因社会复杂的分工以及主体在分工中的异化而难以形成，人际关系由情感到利益的丰富性，被直接化约为利益的单一性。

这种个体化在某种程度上是一种沉沦，个体在从传统集体意志的实体中走出来，追求自我意识的过程中，沦为失去自我意识的无意识存在；个体在从传统的宗法和血缘关系中走出来，追求独立和自由的过程中，沦为现代资本主义分工的附庸，变成了不受约束和克制的，受物质欲望驱动的利益机器。社会在表面上似乎是一个共同体，这个共同体以私有财产为核心，以分工和合作为纽带，一环扣一环，紧密联结起来，形成整体功能的运转体系。在这个体系中，似乎任何一个个体所完成的工作都是不可或缺的，都不能置身事外，都深度嵌入社会整体之中。然而，这种以纯粹个体物质利益为核心的群体生活，不仅造成了整个社会内部的分离、矛盾、冲突、冷漠和互不理解、互不认同，而且深度隔离了个体与群体的关系、个体与社会的关系。个体生存所包含的私人性与公共性严重失衡，个体对整体的归属感、认同感、意义感也随之抽空。这种个体化的进程造成了个体生存和社会文明的双重困境。

正是基于这样一种现实分析和文明期待，共产主义理想信念在精神实质上表现出一种群体相处的和谐追求，这种追求期望通过人类生产关系的重构，从最内在的层面重构人的社会关系，形成共同的利益和共同的生活情感，建构一种超越于纯粹工具性、利益性、对抗性的群体关系，构建人在群体关系中的总体性存在方式。

第二章

当代大学生共产主义理想信念的现状与挑战

当代大学生共产主义理想信念教育在一个宏大的时代背景中展开，受到多方因素的共同影响，多重力量交织存在、互相竞争所形成的张力性关系，使得共产主义理想信念教育面临着来自不同方向的挑战。由于近代主体意识的觉醒和全球范围交流的频繁，"脱域"所形成的不同区域的价值流动，借助现代通信和交通体系，相互竞争，在价值观念领域形成多元思潮，这种多元思潮及其主体化特征，造成了共产主义理想信念的主导性张力。而西方近代世俗化进程所导向的现实追求和物质主义，在极大释放人们的现实关怀和奋斗热情的同时，越来越将人的多维的、总体的现实性存在，引向一种物质化、娱乐化的单向度存在。人常常陷入过度世俗化的追求和物质化的生活而不能自拔，人的感性体验和价值信仰缺乏分辨力、崇高感、反思性和批判性，情感和精神价值更加肤浅和空洞，面临巨大的庸俗化挑战。这种对现实的回归和靠近，本质上是对人的真正现实性的消解，而这种真正的现实性恰恰又是蕴含在共产主义的社会性和个人实现之中的。并且，由于现代信息技术带来的视听革命，个体被深度地置入一个读图的信息环境中，对视听媒介的过度依赖和不加引导，又极大地切入了人的感性接受逻辑和娱乐化体验方式之中，在热闹炫目和舒缓刺激的信息传播和接受环境中，蜕变为一种盲目的快感，进而在由感性升华的境界体验和理性反思两个维度失去生命的深度和广度，难以接入共产主义理想信念的价值魅力、逻辑力度和人生境界，造成融入性紧张。这种时代背景、逻辑进程和问题线索共同构建了当代大学生共产主义理想信念教育的"场域"。

第一节　多元思潮与主导性张力

当代社会思潮和价值观念呈现多元化和主体化的双重特性。社会思潮随着前现代统一价值观念的渐趋解体，变得越来越多元化，在后现代零碎化的不同领域生长出极致的思想理论和价值体系，激烈地与共产主义理想信念所内含的价值观念竞争头脑和心灵。而这些价值观念之所以在直观上具有魅力和吸引力，根本原因在于它的主体化、微观化价值建构逻辑。传统宏大叙事的价值结构在个体生活越来越具有时代性的转型过程中，难以满足主体日常生活空间凸显所渴求的价值说明和意义支撑，难以形成对话和互动，从而造成与心灵的距离感与陌生感，使得共产主义理想信念在一定程度上面临主导性张力的挑战。

一　价值观念多元化的进程

近代以来，社会的急剧变迁前所未有地重塑着人们的生活方式和体验方式，使人们越来越超出传统的、既定的思维模式和价值观念。思想观念领域发生了巨大的变化，这些变化中最突出的，是主体意识的不断增强，以及由此催生的价值观念的多元化进程。近代以前，在世界各个地区，人类大致生活在以农业生产为主要模式而构建起来的社会中，整个社会生活围绕土地展开，土地成为生产模式和生活方式的根据。而土地的特点在于，在地域范围内是无法自由移动的，并且其农业产出在长期尺度层面是维持不变、不增长的，这就造成了传统农业社会是一个相对静态的社会。在这种相对静态的社会中，人们往往会在一个地方生活几代甚至几十代，不会大范围地经常性流动，生活方式也不会发生剧烈变化。长期的共同生活经历和心灵体验沉淀出共有的价值观念和精神世界，这使得一个区域内的价值观念和伦理道德相对稳定和一元化。共同的地域、共同的生活经验以及共同的主观意识，往往造就了传统的共同体生存样态。

近代化过程中，人类逐渐从农业社会进入工业社会，工业经济的聚集性彻底撬动了人们地域生存的稳定性。人口作为生产要素之一，以工作为趋向，不断地向城市汇聚，流动性成为这个时代最重要的特征之一。流动性造成的一个重要变化就是，人们的价值观念开始脱离原有的本土地域，被携带到不同的地方，起源于不同地域的价值观念在流动交往中发生碰撞，相互竞争和诉说，并产生新的价值认知。人们发现，同一件事物会有不同的认识和评判，而且差距有时是如此之大，这打破了原有的价值坚持和稳定性，往往造成"脱域"后的精神世界的混乱与失序。这种流动性在工业社会向后工业社会转变，特别是信息社会、网络社会和高度的全球化时代，显得更为突出。现代化的交通极大地强化了人们的空间跨越能力，而空间又不是空白的，不同的空间总是携带了属于自身的价值观念结构，物理的跨越实际上带来了价值观念的错综交织、相互影响，甚至斗争。理解与不理解、认同与不认同、保留与不保留往往发生在这样的跨越中。这种跨越本质上使人们突破了原有的价值观念世界，拓展到不一样的价值领域，这既是价值世界的扩大，又是扩大中的自我重整与形塑的过程。

同时，网络空间的迅速发展造成了一个重要现象，就是各种各样的情景化视听文件携带的价值观念通过网络空间，往往通过匿名方式被推送到学生面前，新价值、新观念既有刺激感也有挑战性。虚拟网络为边缘文化的存在和认同提供了空间。① 这种挑战源于这样一种现实，即情景化的视听文件所携带的价值观念往往具有极大的非完整性和非事实性，常常没有完整地再现事件本身，这给价值理解、认知和判断造成了巨大的迷惑性，需要较强的辨识能力。很多视听文件往往只是一个完整时间的截取部分，是残缺的，而基于这样一种片段，无法正确评判事件本身。如果忽视对事件本身的认知，仅仅凭借这样的批判得出不恰当的价值评判，并深信不疑，可能会造成对原有正确价值观念的冲击或取代，进而造成主观世界的混乱。很多视频以猎奇为目的，往往是合成出来的，或把生活中极不寻常的吸引人注意力的片段，无限宣传放大，博取眼球和点击量，使得人们把不寻常当作日常，把不是生活本身的东西当作生活本身，把网络当作现实生活，进而造成价值判断的失真和挑战，造成多元化的混乱推进。拟态环境对现实生活的非真实再现，消弭了真假界限。② 价值观念多元化的进程中充斥着形形色色的价值和主义，如后现代主义、民主社会主义、个人主义、民族主义（民粹主义）、新自由主义、文化保守主义、历史虚无主义、消费主义等，既有关于政治意识层面的社会思潮，又有关于个体生存层面的价值形式。

这种价值观念多元化进程造成的一个重大趋向就是，基于价值观念和伦理道德的传统社会的秩序规范，随着这种流动性造成的去中心化和多元化发展，逐渐让位于现代法治规范等公共性原则。公共性的法治规范具有整合超大型跨地域行为的同一性能力，而不同于传统价值观念的地方性区域整合方式。价值观念多元化不仅使得借助内在价值进行整合和协调主体间行为关系面临

---

① 凡欣、代玉启：《新时代青年文化中感性意识形态的存在与引导》，《思想教育研究》2020 年第 8 期。

② 龙柏林：《仿像·真相·具象：拟态环境与青年意识形态认同》，《思想教育研究》2020 年第 4 期。

巨大挑战，自身被迫蜕变为一种纯粹的文化现象（同时也影响着现实的政治走势和社会行为），而且使在时代的转化中，通过法治规范、法治精神来整合社会显得极为迫切和重要。

在社会变迁和全球化的浪潮下，我国也深受关联，并受到不同程度的影响。改革开放、市场经济、社会转型以及现代化的生产方式和交通通信体系，使得原有的社会生活结构和组织结构趋向解构和重构，从而触动了原有的思想价值体系和意识形态秩序。个体从传统价值结构中走出来，弱化了原有的价值观念，在新的社会运转体系中，孕育着新的价值观念，思想领域更加活跃。在这样一种时代变革中，青年学生的价值主体意识不断增强，他们在日常生活和学习交往中更加追求自主和独立，越来越在意自己的个体独特性，注重自身潜能的彰显，同时也更加具有平等意识、参与意识、法治观念以及包容精神，即"更加独立化的价值思维、更加个性化的道德观念和社会生活方式成为青年价值观变革的总趋势"[①]。这极大地释放了自我的主体性和积极性，激发了生命的热情和创造力。价值多元化和主体意识的增强在客观上促进了个体对自我的自觉，促进个体能力的张扬，释放了主体作为个体的能动性和巨大的精神力量。心智迅速发展，追求价值张扬，"表明青年力图把握自己的命运，不受外部事物和他人摆布与约束的人生价值意愿"[②]。

在这种时代背景下，如果无法自觉地比对和理性反思各种各样的价值观念，形成独立的价值判断，就很容易在这种多元化争辩和嘈杂中失去自我和价值自主，被各种观念支配，影响共产主义理想信念的形成。特别是大学生处在进入社会实践的过渡阶

---

① 曾燕波：《当代中国青年价值观发展特点及生成因素研究》，《毛泽东邓小平理论研究》2007 年第 6 期。

② 张晓杰：《改革开放以来中国青年价值观的嬗变》，载卢奉杰、杨长征主编《改革开放三十年与青少年和青少年工作发展研究报告》，天津社会科学院出版社，2008，第 344 页。

段，生活阅历尚浅，价值观念处于选择期和孕育期，更需要共产主义理想信念的科学指引，来抵制价值观念泛化引起的虚无主义和相对主义，远离空洞的价值迷惑，以崇高奋进的人生姿态投身社会实践，为共产主义事业奋斗。

二　主导价值观的坐标偏差

改革开放以来，普通大众，包括处于这种转型时期的当代大学生，在思想价值领域发生的重要变化是价值观念的多元化，各种价值观念复杂纷呈，从不同的方向影响着大学生共产主义理想信念的建构。而从宏观层面来看，这种价值观念的多元化进程在整体上又带有主体化和微观化的特征。自由主义、新自由主义、后现代主义、消费主义或虚无主义等，虽然出现在不同的时代，归属于不同的领域，但它们不约而同地表现为一种个人性、主体化、微观化的发展趋势。人们的价值观念从传统较为统一的价值结构中松散出来，表现出一种多元分散的发展态势，而这种多元化的历史进程并不是指向另一种宏大叙事或整体主义，指向另一种超越于个体的价值信仰和人生存在，而是越来越细化、零散，融入个体每一天的日常中，在人们的实际生活领域发挥着指导作用，与主体的生命日常融为一体。

在前现代社会，由于农业生产的相对固定性、生活空间的相对聚集性、抵御自然灾害的相对群体性以及人际交往的相对稳定性等，人们的个人生活主要是以群体的方式存在，群体的组织方式和伦理架构形塑了这样一种个体的人生呈现方式。这种通过群体方式形塑起来的生活方式和价值结构，往往具有某种超个体的统一性，表现出一种较为客观性的存在。个体并不是没有自己的生活，只是这种生活的内容主要与群体的活动有关，生活更多是一种共同的行为方式，而对共同行为方式和生活方式的关注和遵守，实际上也是对自我生活的观照和安排。个体生活通过整体的、共同的生活方式和价值原则来展开自身（纵向的、进步的历史观无疑是积极的，给人一种向上的动力，但在进步历史观的基础上，在学术层面有必要横向单独考察不同历史时期人们总体的生活方式之不同表现及其特征）。而工业化的生产方式及其建构的社会运转体系，极大地挑战和解构了这样一种生活建构方式，将人生的轨迹力图推向主体自主独立的维度。这种主体自主独立以资本主义现代启蒙的方式表达出来，人可以通过个体的理性和能力追求自己的利益、负责自己的生活、掌控自己的命运、谋划自己的未来，不需要囿于传统社会之人的依赖性关系中。这种主体化、微观化的生活转变和价值导向使人们把更多的注意力转移到了自己的生活期待之中，以及个体的人生追求之上。每个人都十分关注自己的生活，都渴望对个人生活做出价值说明，这种个体生活的多样性逻辑衍生出价值观念的多样性与个人化。生活转变与价值导向呈现一种双向推动的作用关系，这种主体化、微观化的生活方式越是深入发展，人们越是渴望和需求一种之前宏大叙事未曾涉足过的生活化的价值领域，以满足个体对生活的意义需要和价值说明。这个领域的精神空白急需各种价值观念来占领和展开一场人生诉说，而这些价值观念又进一步指导着人们相应行为的发生和实践的进行，这种双重推动进而使整个社会呈现出一种以主体为中心的建构特征。

　　这种主体化、微观化的价值观念一方面充满了人文精神和价值关怀，关注个体的生命和境遇，关心人们的生活和未来，呈现出极具魅力的温度和热情，极大地释放了主体的积极性和能动性，具有客观进步性；但另一方面释放了主体内心的无穷欲望和人性的灰暗面，如人的动物性在消费主义的刺激下无限膨胀等。主体意识的自觉和个体价值的孕育能够充分满足人们对个体人生的急切关注和价值说明，反映了社会转型中的个人价值需求，但也要注意到这种主体化、微观化的价值体系的建构（特别是西方传来的自由主义与个人主义的价值观念）并没有将人生引向一种健康、积极、向上、和谐的生存状态，而是越发发展出一种物欲哲学（消费主义）、利益哲学（意义哲学）和极端个人主义（人生哲学），造成个体生活的物化、片面发展，以及群体生活的矛盾与冲突。在这种转型过程中，即主体生活逐渐表现出的从整体主义宏大叙事的建构方式向主体化、微观化、个体化方向增强的特征，主导价值观需要做出相应的时代转换——孕育出一套健康有序的人生价值观念。激活主导价值观对人生问题和日常生活实践的意义说明和价值指导，回应人们在个体生活领域的价值关切和内心期待，占领因时代转化出现的主体化增强的精神空间。人生领域的主体关怀是在时代的变革中展开的一个全新空间，随着主体意识的增强而增强，共产主义理想信念如果不在场，不去占领这个领域，近代西方价值观就会去占领这个领域。共产主义理想信念如果无法对这个领域进行诉说，就难以真正地融入人们的内心，获得人们的认同。

共产主义的主导价值观发轫于战争年代，在国家民族危亡之际和个体命运受到巨大压迫的时候彰显出来，并被深刻认同与践行。共产主义的主导价值观之所以带有宏大叙事的特点，原因之一是当时的人生命运是以宏大的方式存在的，契合了时代变迁中的人们的渴望。在灾难和压迫的年代，个体的生存境遇总是与国家的统一、民族的独立，与阶级斗争、集体奋斗天然而直接地联系在一起。这些超个体的社会任务和实践主题无法仅仅依靠有限的个体单独完成，而是要通过集体的合力来实现，而这种实现在本质上又是对个体命运的改变。个体命运的改变不是依靠孤立的个体，而是通过群体的力量来实现的。因此，共产主义的主导价值观在这样的时代背景中展开，而且得到了人们极大的认同和支持，这同样是一种深刻的人文精神和主体关怀。自改革开放以来，社会主义建设更需要激发个体的能动性，投身到中国特色社会主义市场经济的建设洪流中，发挥主体积极性、创造性、释放个体的进取精神和奋斗能力，是这个时代的重要特征。当主体更加深入打开自己的生活世界和人生历程的时候，他需要对自己的人生奋斗有一个价值认识和意义说明，对自己的生活实践和生命历程有一种价值理解。共产主义主导价值观需要对当代大学生思想价值的这种转变和需求做出及时精准的回应，深入学生的日常生活和学习实践领域，充分进入他们的内心，能够既有温度又有深度地对他们的生活、学习、实践给予价值引导和说明，让他们始终感受到共产主义的人生在场性。

因此，共产主义理想信念在这种变迁中，需要注意可能存在的价值指导偏差，一方面要生发出一种关注主体化和微观化生活的价值理论，满足学生的价值需求，给予正确引导；另一方面需要通过集体主义的价值观念的时代化方式，有效引导极端个人主义给个人和社会造成的冲突与对抗，回归主体成长为社会存在物而非原子存在物的本质属性，获得并占有人的这种属性。

第二节　现实追求与庸俗化挑战

日常生活的现实追求既可能将人的精力和实践引向更为理性的现实追求、积极的人生态度和更为自觉的生命境界，获得一种多维的现实性，同时也可能使人陷入世俗化的追求和物质化的生活而不能自拔，情感和精神价值更加肤浅和空洞，人的感性体验和价值信仰缺乏分辨力、崇高感、反思性和批判性，生命蜕变为一种单向度的存在。现实追求过于物质化、娱乐化，本质上是对人的真正现实性的消解，是将一种庸俗化取代人的丰富现实性的过程。这种受西方近代以来的现实化追求的扭曲而造成的庸俗化进程，成为思想价值观念孕育成长的宏大时代背景之一，并对共产主义理想信念教育构成巨大的挑战。

一　现实生活的人生追求

近代是人类历史上的一个重要转折，社会现实和精神文化处于一个大转型阶段，自启蒙运动以来，人类对世界的认识就表现出一种"祛魅"的过程。"一切等级的和固定的东西都烟消云散了，一切神圣的东西都被亵渎了。人们终于不得不用冷静的眼光来看他们的生活地位、他们的相互关系。"① 所有神圣的东西都被人们用理性解开了神秘的面纱，还原成事物本来的样子，用事物自身的原因而不是超自然、超个体的某种神秘莫测的力量，来解释对象的存在。中世纪以来的宗教权威和君权神授被还原为人间的苦难和压迫，人的命运及其拯救不靠上帝而在自身，不在彼岸而在此岸。人们在这种"祛魅"中越来越形成这样一种观念：崇高、遥远的价值追求是不切实际、虚幻缥缈的，而现实生活的安稳和实在才是真实的，真正控制自己命运的方式是在现实中掌控自己的人生境遇。人生最重要的事情就是现实的存在，最大的意义是活在当下。未来和理想并不是脱离现在的存在，并不是与现实无关的另一个世界，未来是现在的延伸并起源于现在的奋斗，理想是把现实的生活变成更美好的生活。生命只有一次，而这一次的生命只属于现在，属于当下的生活，现实生活的得救需要自己努力去奋斗争取。这是一种现实的看得见的转变，而不是沉浸在对某种价值的想象和憧憬之中，个体命运的转变和生活的改善要发生在实实在在的现实中，而不是在无法兑现的价值期许中。

随着科学技术的进步、工业化的推进以及商业贸易的不断拓展，现实社会的剧烈变化极大地引起了现实生活的变化，这种改变远远超出静态的前现代对人的影响，甚至超过静态的前现代在思想领域对人的想象和改变，这种改变以实际的力量，不可逆地

---

① 《马克思恩格斯文集》第 2 卷，人民出版社，2009，第 34~35 页。

把人们的注意力转移过来。科学理性的发展使人们认识到世界的物质性及其自身的规律，而不是神圣力量的支撑；工业化生产使人们看到了物质财富的巨大力量，人们可以独立地掌控自己的生存，不需要依靠庄园主或贵族就能够生存下去；商业贸易则使人们了解到不同地域的价值观念和生存方式，拓展了人们的现实感和差异感；等等。所有的这些力量都汇聚成一种现实的指向，使现实越来越清晰地作为自身凸显在人们的面前，成为改变人们生存境遇和人生未来的最为重要的维度。在传统社会中，当现实往复不变、四时如一、年年如此，没有过多的变化需要重新认知和解释的时候，原有的一套解释已经行之有效，此时人们的生活更多地进入了一种精神价值的领域，人们的注意力更多地进入了一种对单一静态的现实的多维度阐释之中，精神生活和价值观念的纵深拓展消除了现实生活的往复单一，此时，精神生活的变化远远要大于现实生活的变化。而彼时的精神生活又是在宗教权威和君权神授的宏大叙事中展开的，在这种较为同一性的原则中阐释和演绎出来的。

在这样一种宏观的、整体性、根本性的转变中，人们的现实感和现实精神更加自觉，生活的主要内容并不是追求彼岸的、高远的某些价值目标，而是落实到现在的生存境遇的改变。人们越来越把注意力集中到现实日常生活的吃穿用度等物质性的需要和提升上，越来越把主要的精力和聪明才智投入丰裕的社会发展、殷实的生活追求、安逸的居住享受和舒适的生活环境上。人们一辈子忙忙碌碌，几乎把所有的时间和精力都放在现实的人生成就和事业成败上，而衡量人生成就高低与事业成败的重要标尺是现实财富的多少。人们的房子、车子、存款、工资及其他财富形式等，成为大众观念和普遍意识，这样一种世俗观念更加推动，甚至支配着人们的目光指向和行为趋向。并且，人类快速增长的财富积累和不断扩大的社会分化极大地增强了现实生活的对比度和区分度，形成了一种强烈的价值导向。越是追求现实财富，获得更多积累的人，生活看上去越舒适光彩、幸福美满，令人羡慕；而现实财富世界的贫乏或失败，则往往没有充足的资源和机会来满足自己、实现自己，进而陷入窘迫的人生境遇之中。同样，社会转型在释放人们主体能动性和积极性的同时，也释放了人们内心的欲望，借着社会增长带来的财富繁荣和可能满足需求的限度不断扩大，人们的欲望不断地被刺激拉升。而随着人类结构性生产过剩的增加，生产型社会被一种强烈的消费社会意识形态笼罩，虚假的或过剩的消费需求被这种消费主义制造出来，生命甚至成为一架被欲望支配的工具。对现实各种物品和服务消费的需求，以及对支撑这种需求的财富力量的崇拜和追求，使人们以极大的热情投入现实的物质追求之中。

这种现实化追求在西方是以世俗化的方式表现出来的，这种世俗化是针对中世纪宗教权威的神圣性和对彼岸生活的追求而言的，以物质利益而非高远精神、当下现实而非彼岸幸福为对照的。在我国文化中自古有一种现实精神，但是对这种现实感和实用性以何种方式展开却不是一成不变的，中国传统是以"义"的方式来切入这种现实感的。对利益的追求需要获得道德的名义，并且不是直接而单独地表达出来的，而是通过道德伦理的方式携带出来的。但这种以"义"带"利"的方式同样是出于对人的现实生活的观照和思考，出于在总体财富有限而群体生活较强的熟人社会中的生活方式的思考。而改革开放以后，社会迁移和流动性增强，主体意识自觉和自我利益正当化，人们的这种现实感则通过对个体利益的追求和个体人生奋斗直接表达出来。这种现实感更加突出地表现为人们对现实的成就、事业、财富的向往，这种向往有时甚至表现出一种直接性。

因此，对现实生活的追求，对世俗利益的奋斗，对个人生命的实现转变为人们的重要观念，成为大学生主观世界形塑的重要背景。这种现实追求固然使人们关注到了现实世界的可知性、社会变革的可能性、个体实现的条件性以及命运自主的把控性，把人们的眼光从高远的、彼岸的价值追求，甚至是精神异化，引向自我生命存在的当下，并力图在这种当下的实际追求中获得价值认知和意义说明（人固然不能单靠纯粹的观念而活着，特别是一种异化的价值观念，把自己束缚在缥缈的概念中耗尽一生）。但人不能在没有高远价值追求和崇高人生境界的生命中了却此生，生命不是要回归到动物机能和物质尺度上，不是要回归到没有超越的单一性和非自主性中。所以，当人们以极大的热情回归现实，投入现实追求的过程中时，需要思考的是，这种对现实的回归究竟是回归到哪个方向、哪个维度以及哪个层面，众人口中的"现实"是不是真正的现实，是不是真正的人需要回归和存在的地方，展开和融入的生命状态。

二　价值认知的庸俗倾向

这种"祛魅"过程既去掉了世界的神秘性和人的盲目性，给人类一个清醒自觉的头脑，来认知世界和社会；同时也去掉了世界的神圣感和伟岸感，去掉了对生活的敬仰和敬畏。当人们只关注于眼前的物质利益时，就会弱化对共产主义远大理想的追求和信仰；当物质利益成为生活的全部意义时，人生就没有了延展和层次，生活也失去了宽度和高度。生活的可能性、丰富性和神圣感退化为单一直白的物质刺激和感官享受。对这些人而言，生活中最真实的是当下的现实生活，意义、想象和憧憬都只是虚幻和不切实际的，是迷惑人生的价值魅惑，似乎是一种不成熟的心理和精神状态。理想主义、浪漫主义、生命境界往往被这种现实主义取代，进入人们的头脑和心灵。人类对现实的有限性、物质尺度和生物生命的超越，对伟岸、高远、敬畏和敬仰价值的追求，被一种粗浅的物化精神和行动力量所解构。

　　这种"祛魅"过程将人们的注意力和价值关怀引入现实生活和此在的人生追求之中，更加注重实实在在的物质改善和生活水平的提升，以及人生奋斗的事业成就和财富高度，不再关注遥远的、虚无的、异己的价值诱惑与自我麻痹。虽然世俗性是人的生活基本属性之一，人类不免世俗，但当代世俗生活与现实物质追求过度发展，使得整个日常生活停留在了世俗层面，无法进一步升华、上升到共产主义的崇高境界，无法触及卓越、高雅。生命也逐渐变得没有厚度、张力和韧性。所以，现实化并不一定指向庸俗化，只是，这样一种时代性的变革，越来越被西方的现代文明引向一种平庸化的生存境遇。西方这种现实追求导向的不是对现实客观人生境遇的反思和合理规划，不是对人的存在的纵深维度和社会逻辑的理性认识和智慧掌控，而是在这种平庸中把人生建构为一种物质的、肤浅的、原子的非人性的存在。其本质上表现为一种世俗化的历史进程，而世俗化越来越偏离了人的本真的现实性，进而导致一种庸俗化倾向。这种以"现实"之名发展出来的对真实现实的偏离，以及其孕育的庸俗价值观和人生态度，也在全球化的当今影响着我国大学生共产主义理想信念的培育，构成当代大学生主观世界变化的重要时代背景。

　　这种庸俗化倾向的重要表现是价值认知的短视，看不到人的生存的总体性追求和社会性存在，价值认知和体验失去深度和广度。人总是试图追求一种总体性的存在，获得生命的丰富性和饱满性，获得更宽广的人生体验和生存视野。虽然人总是不免陷入一种具体性，在具体的日常中获得生命的立足点，但这种具体性并不意味着人生的有限性，并不意味着人生需要被束缚为一种狭隘的存在。相反，"'人'在其根本上是一种自我超越的历史性存在，总是在自我否定性的生命实践中形塑、成就和超越自身；现实历史之发展，归根结底乃是'人'由狭隘的'偶然性个人'，向‘全面发展的个人’的历史性生成”①。生命的自由自在的创造力需要不断地从这种有限性中走出来。具体性既是建构自我的逻辑起点，又可能是束缚自我的逻辑终点，关键是如何理解和掌控这种具体性。况且，主体在本质上是无法忍受生命的狭隘和一成不变的，人们追求在具体中展开的丰富多彩。这种总体性意味着生命是开放的，并且有无限的可能，这种可能宏观上表现为生命可以向两个世界展开，从两个世界同时获得生命存在的方式和意义。这两个世界一个是人的外在世界，即物质生活、社会生活的现实世界，另一个是人的内在世界，即精神价值的世界和境界世界。这两个世界同归于人之存在的现实性，人既有生理尺度和社会尺度，也有精神尺度和价值尺度，这双重尺度丈量着一个人的真正存在。人首先是一个有生命的存在，需要吃穿住行，需要进行物质生产、消费以及财富的积累，它们影响着人实际的生活水准的提高，是独立自主的可能性条件之一。而社会生活是人的基本生活形式，个体构成的群体性存在，会演变为一种超越个体的客观性，建构着人的生活。同样，人的最大的现实是，人与动物不同，人不停留于生活在物质的尺度、自然和社会的客观性之中，生命不是一种被支配的存在，不是一种依附性、有限性、被动性的存在。人总怀揣能动性，有所希冀和渴望，试图获得一种延伸和拓展，在物质的客观世界之外，打开一个属于自己的精神世界和价值世界，来诠释和超越自身的客观存在，反观自己并在更高的层次上领略自己的高阔深远，这是一种生命境界。

　　然而，近代以来的现实化进程，并不是回到一种人的真正的现实，回到人的双重存在的展开上，而是把所有的注意力引向了外在世界，并且将对外在世界的关注单纯地放在了原子化、物质

---

① 常江：《“现实的人及其历史发展”的逻辑——历史唯物主义思想的“具体总体性”》，《东北师大学报》（哲学社会科学版）2022 年第 2 期。

化的历史进程中，认为这是人的真正现实，真正决定人的所有存在和全部意义，是标榜事业大小、人生成败的唯一尺度，生命在这种还原中被极端地简化为一种物欲冲动。在这个过程中，人的内在世界被现实化进程所支配，所有的期待、担忧、思考和感受，都与实际的利益得失相关，所有的快乐和烦恼也都由此而来。利益的稍许变化，就会引起心灵的波动和不安，人生失去了平静和从容。利益带来的快乐，变成了人生极致的快乐，这种极致性似乎可以换算为一种无限的可能性，在心中绽放出一种可能的期待，可能的美好画卷，但这种可能性常常永远也不会展开，而是转化为对更多财富的无目的的追求，或者转化为一种消费主义的快感。

当心理感受、内心思考和价值体验退化为一种物欲冲动和财富追求的快感的时候，内在世界的物化程度也更加深刻。情感精神束缚在物质的刺激中，停留在物质的局限性内，体验是肉体的，难以获得心灵的参与，生活缺少神圣、崇高和伟岸。眼前的苟且难以从现实物质中抽身，何来诗和远方？况且，情感精力常常是有限的，当其过度消耗在这些方面时，就没有办法深入情感和精神的深邃境界，人们的外感官长期沉溺在这种环境中，情感达不到精神的内感官，进而没有丰富的感受能力、情感能力，甚至爱的能力。内在世界被这种刻骨铭心的物质感和干瘪的幸福感拉窄、收小和磨平，快乐和幸福往往既是苍白的，也是脆弱的，禁不起时间的考验和世事的变迁，稍许风吹草动，就会内心波澜、翻云覆雨。而至于人生超越有限和客观的高远境界追求，也被作为不切实际和无用的情感肆意而被抛弃。生活中缺少崇高、伟大和壮观，缺少敬畏、神圣和敬仰，甚至难有真心的认同、尊重和理解。然而，基于真实的现实，生命本可以在上述多重维度绽放精彩，获得异样的体验和感受。但是这样一种丰富性、多维性和境界感被现实的物质追求和快感所掩盖。生命在这种所谓现实化进程中不得不表现出一种庸俗的倾向。这种庸俗的倾向在现代全球化的过程中，借助网络交通体系，以隐蔽或显现的方式，对当代大学生产生了直接或间接的影响，影响着共产主义理想信念教育的充分实现。

第三节 感性逻辑与融入性紧张

现代视听技术所创造的信息承载方式、传播方式和接受方式，是人类文明发展的巨大进步，它极大地突破了传统媒介中，人与对象主要依靠文本或语言进行信息交换的单一方式，使人类在获得信息时所面对的信息容量、传播速度、进入路径等都得到大大拓展和深化，增强了人与世界互动的能力，深刻转换了人对自身生存"环境"的界定范围和方式。但同时，对这种视听技术的泛滥消费和不加引导，又深深地切入了人的感性思维和娱乐体验，在热闹炫目和舒缓刺激的氛围中，蜕变为一种近似于消费主义的快乐和盲目，进而在由感性升华的境界体验和理性反思两个维度失去生命的深度和广度，难以接入共产主义理想信念的价值魅力、逻辑力度和人生境界，造成融入性紧张。

一 感性娱乐的接受逻辑

随着时代的发展，人们在接受、理解信息方面的突出特点之一是感性娱乐化倾向的不断增强。当今时代，人们更倾向于轻松、愉快、直接、快速的接收方式，总是希望以尽量少的时间和精力去理解和认识对象，而不习惯经常性地处于严肃、紧张和敏感的氛围之中。人们并不总是喜欢任何事情都需要如此严肃，如此累地去对待，不希望自己的生活总是沉浸在凝重、压抑的气氛中。与此相反，更强的感性体验、更多的娱乐放松成为日常生活追求的重要内容，感性娱乐成为一种受欢迎的接受方式和极力追求的私人生活状态。自近代以来，与人们更加追求现实的生活，更加关注个体的生活感受相伴随的，是更加在意现实生活中快乐的一面、轻松的一面。当时代更加繁荣、选择更多元的时候，这种状态就自然而然地更加吸引人们的目光。

出现这种接受方式的转变，乃至生活状态的追求，有其自身的内在原因。首先，和平与发展是时代的主题，当代大学生出生在一个安定繁荣的年代和国家之中，生活本身由于时代的繁荣和国家的安定而较为幸福。没有经历过战乱年代、贫困时代刻骨铭心的生活窘境，没有过多背负那个时代所特有的艰难记忆和历史包袱，使得人们心态相对轻松，思想相对活跃，但同时也缺少苦难给人的心灵带来的震撼和洗礼，毕竟欢声笑语往往没有艰难困苦来得那么刻骨铭心。经济社会的繁荣为人们提供了更为富裕丰厚的物质生活，生活中更多的是欢乐而非困苦，时代提供了这样一种生存条件。同时，长期生活在繁荣和平年代的青年人，由于习惯了这样一种轻松愉悦的生活状态，在舒适的环境中，常常对苦难教育和苦难历史表现淡然，不习惯这样一种严肃、凝重的生活视角，对生活中的一些苦难往往轻易忽视，回避这些事件给生活带来的压抑。甚至有时候，以旁观者的娱乐心态而非亲历者的同情之心，用一种戏谑的方式将严肃的历史经历以及不公的社会问题娱乐化、虚无化，转化为轻描淡写、无足轻重的谈资笑料，而无从体会这种人生经历和生命历程的不朽与艰难。本需贴近的生命体验往往被一种轻松甚至娱乐的心态隔离，遮蔽了历史和生命沉重的一面。时代的这种转变既有其幸运的指向，也有其问题的症结。

其次，与传统的文本传播和阅读相比，这是一个视听时代、读图时代，信息对象被转化为视觉景观、视频音频，信息输入及获得的方式更为直接简明，甚至不需要思考，在一瞬间就能够完成。而视听时代的到来加速了人们对信息接收的感性化和娱乐化，强化了人们的这种心理习惯、思维方式和生活状态。这种视听既表现在生活的实体环境层面，更表现在网络传播的虚拟领域。现代城市生活所创造的恢宏气派的建筑景观、霓虹闪烁的灯光效应、唯美梦幻的橱窗展示、循环输入的电子广告以及轻松悦耳的视听音乐，使人们对外界的感知和信息接入通过直接的方式获得，而且以尽可能轻松的形式展现出来，自然而然地融入无防备的心灵世界（这个过程本身也是轻松的和潜移默化的）。而在网络传播的虚拟领域，这种趋向就更为显著。网络传播以大众的接受偏好为取向，以获取点击率和流量为目标，主要是通过视听文件而非纯粹文字来传播信息。视听文件相较于文本文件更感性直接，不用过多地耗费精力和思考，而文本文件则相对理性，阅读中往往需要头脑的参与，要跟着文字一起思考才能获取信息，对思维的要求更高。

视听信息作为一种热媒介，往往以轻松直接的方式表现了与人沟通过程中的潜在强制力，强制人们去接受，在交流过程中处于支配地位，"把自由思考的权利交付给技术，那么技术反过来会窒息思想的活力"①。在浅层次、感性层面调动的感官更多，而尽可能地不需要理性的参与。视听文件往往能够创造一种情景感和气氛感，通过对感性官能的调动和合成，让人仿佛身临其境，放松舒缓，毫无戒备。而人们往往在最真实的私人生活空间的时候，才会无防备地放松下来，真正表现为自己，沉浸为自己，这个时候的自我往往才是真实的自我，在这样一种真实的过程中，情感和价值一旦得到认同就会沉淀为精神力量。而网络视听载体具有再现生活场景，仿真现实的特点，很容易灌入意识。而热媒体否认对话，具有更多的接受性，因而很容易接受其输出的标

---

① 赵庆寺：《现代信息技术与高校思政课深度融合的异化及其超越》，《学术论坛》2018 年第 5 期。

准，失去判断能力。特别是网络传播为了获取点击量，推动眼球经济，倾向于更多地传播一些乃至合成编辑一些搞笑娱乐、刺激震惊、出人意料的视听信息，人们在网络空间中出于猎奇和新鲜，不自觉地会选择这样一些对象。并且，网络空间的匿名性，使得很多意见和表达不受约束，而表现出激进和情绪化特点，有时纯粹是为了反驳一个观点而进行情绪化的表达，宣泄自己的内心波动和不满。

再次，现代快节奏、高强度的工作压力，使得人们在自己的私人时间里更希望放松和放空，这种生活状态和行为选择往往会积累为一种生活趋向和社会氛围，进而影响到即使还没有工作的青年大学生，潜移默化地造成一种行为示范。社会在进步，一代人总比一代人获得的知识、掌握的技能要多，人类文明所创造的知识多数是可以叠加的，这种叠加最终会通过教育转化为后代人的知识储备，推动社会进步的同时也强化了竞争。长江后浪推前浪，而后浪面临的社会竞争和生存压力也更大。现代人普遍工作节奏快、压力较大，工作时间劳累紧张，而工作之余的私人时间则更希望放松下来，做些无须费心劳力的娱乐休闲。而在现代弹性生产方式的背景下，以及对人力资源的挖掘更趋向脑力使用而非时间管理上的体力标准化的时候，工作任务甚至会延伸到工作时间以外的私人时间和生活中，就越发加深了人们对私人时间中放松自我的急切渴望。当工作时间耗费了人的大部分时间和精力的时候，脱离工作，特别是脱离资本主义生产方式中异化劳动后，人们就没有更多的精力思考严肃的、沉重的问题了，更希望在这来之不易的私人时间里放松肌肉和舒缓心灵，娱乐休闲以恢复能量，过一种无压力、没有紧张感的日常生活。这也使得人们在接收信息的时候更愿意选择轻松直接的方式和对象，这种接收信息的方式本身也是放松的过程，而并不在于获得多少知识和智慧。

最后，消费主义也加深了人们感性娱乐化的接受逻辑。消费不仅仅是功能性的买卖关系，而更多地扩展为一种放松娱乐的休闲生活方式。消费如果只是功能性的买卖，那么一次买卖持续的时间并不长，但一旦成为一种生活方式，就占据了私人生活的很大部分时间。消费的前后以及整个过程的选择、甄别和鉴赏都成为一种体验过程。在这个体验过程中，大部分时候人们是高兴的、心情放松的，没有人会在紧张、压抑、严肃的心态中消费。消费时代造就出来的轻松娱乐的环境和体验，购买不仅仅是买卖，更是一种节日气氛和节日体验。把所有的生活问题变成了购买问题，而购买总是能够引起一种放松愉悦的感受体验，把严肃的问题置于一边。因此为了促进这个过程的完成，消费需要迎合人们的心态，创造一种消费体验，对商品的消费体验所达到的放松愉悦，远远要高于单纯的对商品功能性的使用价值的消费。这里的消费已经超出了对使用价值的使用，是对商品的一种虚拟重构，重构商品的消费体验。当这种消费体验占据了私人生活的较大部分时间和生活感受的时候，消费所构建起来的感性娱乐生活体验也转变为人们真实的生活状态。这种社会气氛和生活方式如果不加甄别，会对大学生产生巨大的形塑作用。

二　思考乏力的人生体悟

感性娱乐的接受方式能够使人们以最少的精力消耗、最舒适的过程体验和最直白的信息呈现，简单轻松地接收信息、获得体验，完成整个事件接触过程。这种接受方式固然能够缓解工作、生活中的压力，节省精神放松自己，恢复精力。但更为重要的是，这样一种接受方式造成了严重的生命体悟乏力和生活体验的肤浅单一，无法真正从内心感受生命的深刻和睿智，难以进入对共产主义理想信念的深度思考和卓越体验，最终造成缺乏思考力和深度的感受力。这种状况的持续发展，会弱化共产主义理想信念对青年学生人生体悟所激起的深切思考和崇高感受，阻碍生命饱满度的积累和创造力的形成。

生命在两个维度上具有深度的拓展性，这种拓展性表达了人的生命的深刻之处，表征了人不仅仅活在感官表象和情绪化的体验世界之中。这两个维度分别是由感性体验进入的对本真生命情感的体悟和超然审美的感受，以及由感性经验进入的对人生世界的理性反思。一方面，人类与世界的关系首先是通过各种感官建立起来的，感性对象性活动是人类的基本活动，肉体感官在信息接收的过程中为人类提供事物特征和基本轮廓，在感性经验中把对象纳入人的认识之中。但是，另一方面，这仅仅是认识、理解或体悟的开始，而不是完成。感性体验或经验作为起点，可以从上述两个维度拓展延伸，进入更为内在和深刻的层面，获得一个完整的生命体验和理性存在。

以感性体验或经验为基础，人们对世界的认识和生命的理解，既可以通过步步抽象和层层反思，进入对象化的理性认知层面，上升到更为深刻的理性存在。在这种理性反思中，各种价值观念都要经过郑重审视和客观评价，被重新接纳和合理运用，这是人摆脱支配，获得自主性最稳固的根基。生命及其与世界的关系在这种理性中获得自主、自足和自律，自由地摆脱感官的束缚，摆脱感性娱乐的诱惑。同样，如果不对这种感性体验或经验进行认识论层面的理性升华，不从理性维度进行拓展，则可以从生命情感的体验和审美角度进行升华。生命不仅有一种理性反思的深刻，也有一种情感和审美的境界，这种境界是对生命内在的普遍性情感的一种体验。这种情感不是感官所引起的情绪和刺激反应，而是人类作为生命、作为人所具有的一般人类情感，在某种程度上，是对人之为人的另一种本真规定。这种一般人类情感寓于人的生命之中，有待澄明和揭示出来，心越澄越明，情越澄越真。这同样是对生命的一种挖掘和升华，是对感官刺激、感性娱乐束缚的突破。但无论哪一个维度，都不是仅仅停留在纯粹感官体验的低端层面。机体的感官体验天然有一种趋乐避苦的本能，停留其中，感官体验不仅得不到升华，反而在最普遍的意义上，被降格为一种准动物性的存在，整个生命会被束缚在官能的娱乐刺激之中。

而城市景观、网络视听、消费体验等，都不约而同地构建起来一种视听环境，视频与图像成为选择对象、进入事件、产生体验、获取信息的重要方式。一般而言，文本是一种较为理性的传播方式，它激起的感性器官相对较少，而对理性思维的实时反应要求较高，文字的意义需要发生在头脑的理解中。没有头脑的参与，单纯的文字往往不能提供什么。人们获得知识、产生理解和体验，是通过头脑产生出来的，而不是直接通过感性器官产生出来的，即文字主要通过头脑的接受而产生一种思考和心灵体验，视听文件则首先刺激感官产生一种低层次的被动的心理感受，而不是头脑先行地将信息过滤一遍。这种理解和体验也不是停留在感性娱乐层面，它是过滤后进入内省的一种体验和感受，不是直接依附于感官。相较于文字传播这种冷媒介，在读图和视频时代，视听文件主要通过声音的震动和情境的构建，直接被听到和看到，头脑并不一定要积极地参与其中。读图和视频时代的信息处理和传播方式虽然存在这样一种感性娱乐的可能，但并不必然完全不受控制地走向上述发生路径。图片和视频在客观上是时代进步的体现，科技进步为人类拓展了信息载体和接受方式，增强了视觉和听觉的接受能力，这与传统较为单纯地依靠视觉文字获取信息相比是一种巨大进步。并且，这种方式具有鲜活性、生动性和情景性，具有进入容易、感受贴切的特点，极大地拓宽和增强了人们接收信息的能力。但是，这种方式只有得到理性掌控，才不会失去其积极的影响力。否则，单纯以感性娱乐为导向的信息处理和接受方式，单纯以这种方式来获得娱乐效果，使其完全蜕变为一种感性娱乐的工具，则无法真正拉近主体与对象之间的本质关系，无法跳出这种方式所构建的感性娱乐对人的包围，更无法提升到生命情感和理性反思的存在高度。

特别是，图片影像和视频的编辑性更强，往往是通过二次编辑后形成的，当以感性娱乐为标尺来生产这些消费对象的时候，信息的加工和体验的铺陈就往往具有更大的有意为之的特征（甚至是意识形态特征）。为了达到娱乐效果，对视听要素进行截取合成、拼凑加工，达到刺激惊人、放松搞笑的效果。而这样一种编辑出来的信息与事物本身差距较大，往往是扭曲的，甚至只截取整个事件的一部分，达到放大震撼刺激效果的目的，进而常常错误地将视听文件及其所携带的价值、构建的价值场域（往往是不严肃、不完整、失真的）当作事实本身，在这样一种失真的迷惑的环境中完成了对事情的认识和理解，难以分清是非黑白，继而失去客观理性的判断标准。最终造成的结果就是，整个过程陷入了一种自娱自乐的表演互动和哗众取宠，生命停留在低层次感性娱乐、刺激惊讶而得不到深度扩展，人的存在被束缚在一种有限浅显的平面空间中。

因此，如何将图像和视频这种具有客观进步性的信息处理和传播方式，通过合理控制和适当引导，用以提升大学生对共产主义理想信念的感受力和思考力，进入生命和世界的内在层面和崇高维度，感受和认知生命超越于感性娱乐的快乐和至极性，感受生命在更高维度带来的快乐和愉悦，在更深层次扩展开共产主义理想信念的生存视野，将是在图像时代，有效运用图像和视频技术的关键，这是人类对自身文明的约束性释放。

综观本章内容，我们注意到，当代大学生共产主义理想信念教育面临的宏观背景所呈现的总体逻辑和问题线索是，如何在时代潮流和生活日常更加主体性及微观化的历史进程中，通过一种逻辑构建和路径切入，使共产主义理想信念更加走近学生日常生活和学习实践，获得一种与学生有效对话和心灵互动的方式，充分满足个体生命空间所渴望获得的人生价值和意义说明。这在某种程度上构成了对青年学生理想信念教育入脑入心等相关问题的一条基本逻辑线索，这种逻辑构建既是时代之势，也是个人之需。但如何将共产主义理想信念深度切入个体生活，则表现出一定的模糊性和不确定性，对这个问题，我们需要向前推进，也需要理性选择的慎重。这种逻辑构建和路径切入并不是对集体主义和人的社会性的一种根本替代，而是一种阐释方式的逻辑转变，这种转变的目的是在能够充分进入个体的同时，提升个体的实践格局、理性认知、生存视野和价值境界。西方个体化或个人主义并不是时代文明的必然，个体在从传统共同体结构中解脱出来后，并没有实现启蒙时代的个人自由，而是使孤零零的个体不得不面对现实资本主义生产体系的结构性压迫。而共产主义作为一种集体性力量和价值支撑，恰恰超越了近代资本主义的文明局限性。

第三章

共产主义理想信念教育存在的问题及其原因

　　共产主义在本质上是承载了人的美好生活的社会理想，需要在实现中获得现实力量，现实性是其内在的根本属性之一。然而，共产主义作为一种新的更高层次的文明选择，代表着一个社会全面性、整体性和根本性的变革与进步，具有总体性和多维性的特征，并不是一次性完成的。当青年对共产主义的认知和理解被带入具体的时代层面的时候，他们的实际认知与共产主义的现实实践就密不可分，往往会实际地从社会和生活层面追问共产主义的实现问题。总体而言，在教学过程中，学生对这种价值理想与现实实践之间的张力进行追问，直观地体现为以下两大问题：一是共产主义社会十分美好，它如何实现。二是在实现共产主义社会过程中，我们应该怎么做。这两个追问集中反映了共产主义作为一种有待实现的社会理想，人们如何在社会现实和个人生活的双重层面认知、理解、实践和推动它，或者说共产主义如何达到对这个时代最直观同时也最具有理论说服力和实践引导力的阐释高度，占有这个时代。

第一节　知识化倾向对内在生命的遮蔽

在共产主义理想信念教育的过程中，有时表现出一种显著的知识化建构倾向，这种纯粹的知识化倾向常常在目标和过程两个维度对共产主义理想信念进行知识构建。在目标维度上，从共产主义的某些原则和畅想出发，将未曾到来的共产主义社会作为一个既定事实进行客观化的描述和说明，当作结论直接给予出来，而不是从价值期待性、过程生成性和实践可能性层面进行阐释，进而引起误解和质疑。而在过程维度上，过度依赖抽象理论推导和逻辑论证，甚至循环论证，建构逻辑严密但又空洞无力的知识体系，使得这种知识的经验性基础过于脆弱，无法真实说明共产主义与社会现实演进过程之间的本真关系，拉开了两者的距离，难以对过程产生一种内在性的说明。理想信念的教育不仅仅是知识的学习过程，更是情感培养、价值沉淀和信仰树立的过程，是基于真实知识的理想信念的自觉自主过程。而纯粹的知识化建构倾向使得对生命的理想孕育和信念生成过程被转变为一种对未来对象的客观化描述，以及对真实过程的逻辑化论证，削弱了共产主义之于个体生命成长和社会实践的现实说明、精神力度和价值韧性，遮蔽了对共产主义之理想树立和信念教育这一侧重点。

一　共产主义理想信念教育的知识化倾向

在共产主义理想信念教育过程中，存在的一个重要问题就是对共产主义（理想信念）阐释的知识化倾向显著，即把共产主义及其信仰作为一种单纯的、外在性的知识性对象进行客观描述或逻辑论证，而呈现出的一种基于认识路径而非理解路径的教育展开过程。这个过程造成的直接结果就是，共产主义越来越成为一件需要被知道的知识性事件，而不是一种需要被深入理解领会，并在实践中坚守的实践目标和价值理想，进而使得共产主义理想信念难以深度融入学生内在的生命体验和社会实践之中。这种纯粹的描述性和逻辑性的知识（有的并非实际经验性的知识）极大地阻碍了知识基于理论层面对事实所做的说明，进而也难以获得基于实际经验性知识而进一步转化出来的深刻相信和信念坚守。

具体而言，这种知识性建构主要表现在两个方面，即对未来目标的客观性、描述性表述和对漫长实现过程的抽象化、理论性逻辑论证。就描述性知识建构而言，它往往是基于马克思对未来社会的若干原则界定，以及经典作家对共产主义社会的若干美好畅想，来勾勒这个社会的可能面貌和生活样态。这种勾勒往往不是从一种价值生成论和实践可能性的高度来展开说明，不是从这个社会的人文逻辑演进历程和客观进度实现形式的角度来描述社会最终的可能面貌及其内在逻辑，而是在一种未曾到来的实际状态和可能的不确定性中，给予一种结果性的描述和美好呈现。这种勾勒和呈现越是将共产主义作为一种结果来呈现，作为一个既定的事实来接受，进行看似客观化的描述和说明的时候，越可能引起误解和质疑，造成理想信念的不坚定。

如马克思在论述"自由人联合体"思想的时候，"设想有一个自由人联合体，他们用公共的生产资料进行劳动，并且自觉地把他们许多个人劳动力当做一个社会劳动力来使用"①。"这个联合体的总产品是一个社会产品。这个产品的一部分重新用做生产资料。这一部分依旧是社会的。而另一部分则作为生活资料由联合体成员消费。因此，这一部分要在他们之间进行分配。这种分配的方式会随着社会生产有机体本身的特殊方式和随着生产者的相应的历史发展程度而改变。"② 马克思认为未来社会是一种自由

---

① 《马克思恩格斯文集》第 5 卷，人民出版社，2009，第 96 页。
② 《马克思恩格斯文集》第 5 卷，人民出版社，2009，第 96 页。

人联合体社会，但这个自由人联合体社会只是一种原则性表述和方向性指引。本质上是说未来的社会要力图建构一种自由人联合体的社会，这种社会承载了人们对未来美好社会的所有期待，是对文明发展的一种宏观设想。并且这种社会在实践中如何展开，获得怎样的现实形式，更是一个实践问题，内含于生产力发展的历史进程之中。这种实践展开的结果是不确定的，最终的社会形式有可变性，在严格的意义上还远未获得一种既定的事实和客观性，只是最终的某种实现形式包含了这种原则和价值。这里的侧重点并不是对"自由人联合体"进行目标性的描述性阐释和客观化说明，而是将其价值的期待性和实践的可能性的内在意蕴呈现出来，增强说理基础上的价值感受和实践体验能力，并促进实践进程的实际发展。除此之外，对未来社会的其他若干描述，如按需分配、工作自由、劳动需要、国家消失等，在教学过程中，如果把这些原则性的内容，当作一种确定性的微观事实，或者把这些原则性内容所包含的可能性当作一种既定事实来描述，就有可能失去它的客观性和说理能力。

因此，共产主义作为一种美好的社会理想，它所生发出的这种美好图景，要从价值生成性和形式可能性的双重层面来说明。这种说明是一种原则性的说明，其可能的具体形态要在实践中逐渐呈现，而不是立足于建构一种未曾到达的、既定的和事实性的客观化说明。否则，这种强硬的说明往往造成的仅仅是一种学生的"知道"而已，停留在"知道"以后所有的事情就完结了，最多加上一句"要坚守"，而难以形成强有力的说服力，造成强塞硬灌。共产主义理想信念不是纯粹的知识性的对象，而是价值性和实践性对象，不仅是外在于人的一种客观性，更是合价值性合目的性的创造生成过程。

就逻辑性知识论证而言，对实现共产主义这一漫长过程的论证，有时表现出一种游离于实践道路及其具体进程之外的抽象性逻辑说明。这种抽象性逻辑说明往往是基于若干理论原则进行的理论知识推理，缺乏最新的内容和鲜活的现实感，甚至有的时候这种推理表现为一种自我封闭性论证，或循环论证。停留在自身的逻辑关系和抽象王国里，建构一种无法反驳却又缺乏内容的推理性知识，缺乏理论的说服力。这些理论原则和推论所内含的精神和方法是科学的，但具体内容较多是基于对大工业时代的社会实践的分析，而随着时代的转变，需要对共产主义的当代实践过程做出更贴近现实的深刻理论说明。共产主义的实践自政治革命以来，已经在纵深层面不断拓展，我们经历了社会主义建设时期，改革开放和社会主义现代化建设新时期，中国特色社会主义新时代不断深入、持续向前。这些实践历程和重要成果都逻辑地归属于共产主义的实现过程之中，并成为不同历史阶段共产主义使自身展开为特定现实的具体形式，层层积累、渐趋目标。如何从理论层面对这样一个过程和最终目标之间的关系进行说明，建构一种贴近实际的知识，而非抽象的逻辑论证，并引发一种价值理解，成为共产主义理想信念教育从实践过程筑牢理想信念、沉淀精神力量的关键。

总体而言，这种纯粹的知识化建构，特别是缺乏生成性的描述性知识以及缺乏现实实践的逻辑性知识，造成了巨大的教育偏差，将理想树立转变成抽象知识获取，将信念培育转化为抽象对象认知，进而将内在化的生命融入和实践过程转化为外在性的无关紧要的事物了解过程。这种知识化建构在总体上难以充分呈现出一种说理基础上的内心体悟和价值沉淀，而往往表现出一种教条式的、命令式的强硬告知的特征。共产主义社会是一个崇高而遥远的理想社会目标，对这种遥远而漫长的过程的坚守，在本质上需要一种精神信仰和价值力量，信念孕育与精神价值及其生命实践有本质的关系。"本源境域不是'知'而是'行'（生存）

的境域，这就是‘生活’。"① 一切意义和行为都始源于"生活世界"，个体的生活是其本源的存在。最本源的是生存实践或生命活动，这种生命活动不是脱离事物的冥想玄思，不是超越具体本身的抽象观察，而是实实在在即物融物的行动状态，或生命实践状态。共产主义理想信念只有在沉淀为自己的生活经历和人生感悟的时候，才能真正地进入内心，并转化为精神力量。因此，需要对共产主义的遥远目标和漫长过程有一个价值理解，生发出一种行动韧性，锻造出一种实践知识，而不是一种抽象纯粹的知识性的说明，特别是描述性和推理性的知识。

二　知识化构建中对生命境界的潜在消解

对共产主义理想信念教育的这种知识化构建倾向，极大地削弱了共产主义理想信念的价值维度以及价值对生命的滋润力度，将理想信念教育转化成了纯粹抽象逻辑的知识认知教育，使得共产主义作为理想信念和知识体系的双重面向，转变为一种较为纯粹的知识体系。而且这种知识体系又往往退化为对未曾达到的既定事实的纯描述性说明及对过程的纯逻辑性论证，破坏了共产主义和社会现实演进过程之间的紧密关系，难以对过程产生内在性的说明，也难以对目标产生生成性理解。进而，对生命的理想信念教育和实践孕育过程转变成了对对象和过程的逻辑化知识论证，削弱了共产主义之于个体生命成长和社会实践的精神力度和价值韧性，遮蔽了对共产主义之理想树立和信念教育这一侧重点，阻碍了在此基础上利用知识体系进行有效说理的方向。

单纯的知识化构建之所以很难达到理想树立和信念培育的目的，根本原因在于，这种知识类型的非生命性特征和对象化发展

---

① 张志伟：《关于海德格尔与中国哲学之间关系的几点思考——对黄玉顺〈生活儒学导论〉的批评》，《四川大学学报》（哲学社会科学版）2005 年第 3 期。

模式。知识是人类进步的阶梯，是人类从神圣崇拜年代经过祛魅走向世俗理性时代的重要支撑，它使人类对自己所生活的现实世界和环境有了更为自觉和理性的把握。所以，近现代以来的知识类型被一种基于理性的科学知识形态主导着，并在知识发展过程中呈现出这种生成逻辑。这种知识类型主要受到近代自然科学的影响和推动，以自然界的物质事物为主要研究对象，以探究自然界的物质规律以及社会事物和规律为主要目的。它通过客观描述、理性分析、中立性的实验等方式，来认识事物，使事物从陌生、模糊和未知中呈现出来，成为人们认知的对象。人们知道了它的形态、特性、运动等信息，这些信息为人绘制了独立于人（不以人的意志为转移）和外在于生命体的存在物。这是现代知识为人类提供的进入世界和把握世界的方式。在认识到这样一种方式的进步性的同时，也应该看到它适用的条件、范围，甚至局限性。通过这种知识框架和认知途径获得信息和接受的事物主要是自然物质世界的对象和一些社会科学领域的事物（或者说接收到的是事物较为客观化、自身性的一面），它处理的目标对象往往具有外部性，是外在于生命的一种对象化的存在，相较于主体而言没有生命活动和主体价值动力的客观存在。它通过人的理性认知展开，将对象和主体放在一个有距离的可观察的范围内，拉开它们之间的距离，使之最好不发生价值关系，保持情感、体验和感受的中立，排除个人的喜怒哀乐。这是一种摒弃人的存在的物的研究，排除人的生命存在的物的揭示。它最大的特点是外在于人的、不动情感的理性认知，一旦有生命感受的参与，就会对对象本身的呈现造成干扰，就会变得不那么客观。

并且，这样一种知识类型主要通过两个方面发挥作用，一方面，处理当下的问题和可见的实践，具有可操作性和工具性特征。在解决具体的事实性问题的过程中，对经验进行客观的分析、总结、归纳，形成概念关系和知识结构，从而能够指导未来的具体实践。能够将处理问题的过程具体化、步骤化，形成可操作的指向性说明，只要按照这个说明，遵循每一步的流程和程序，就能够有效地解决这类问题或完成操作。另一方面，这类知识主要是对未知对象的探究，以获得对未知事物的信息和认知，科学研究往往属于这类知识追求。人类除了自己的生命之外，还与外在于自身的诸多事物同时存在于这个世界上，而这些事物往往是实际存在的，并不能以人们的主观化和想象力而获得认知。外化拓展的主观性并不能获得对事物或对象本身的客观理解，这就需要人们克制这种主观性的泛滥，保持情感价值的中立，实实在在地去观察对象，分析它的运动变化，揭示它的内在特性和规律，通过这些客观的信息来真实地把对象呈现出来，使它成为人类认知的对象，而不是外在于主体的"无"。这种主客关系主要是一种理性认知关系，而非情感价值关系，这类知识所传达出来的信息是实实在在的关于事物本身的性状规律，而不是价值喜好。这类知识本身并没有什么问题，它为人类提供了独立于人自身之外的事物的真实信息，客观地反映了事物的本真状态，摒弃了人特有的主体情感和价值观念。这类知识被用来处理自然物质世界和人类社会的部分现象，极大地促进了人类对自然和自身的认知，把人类的眼光延伸得更远更深，拓展了人类所展开的世界，使人类生活在一个更为开阔的物质世界，提升了人们的实践能力。

　　但是，在这样的知识类型背景下，对共产主义作为理想信念的纯粹抽象知识化建构却弱化了理想信念的沉淀孕育。这里并不是说共产主义不是一种知识体系（它是一种基于现实实践而非纯粹抽象的知识体系），只是说在共产主义理想信念教育过程中，如何把这种知识体系合理有力地阐释出来，并最终升华为一种精神坚韧和信仰力量，这才是问题的关键。理想信念教育虽然离不开知识教育，但绝不仅仅是知识教育，理想信念教育的目的在本质上有别于知识教育。前者侧重生命教育和价值成长，后者侧重事实说明和客观认知。此处，两者需要统一于精神力量和价值信仰，只有获得一种精神力量，才会在对遥远理想的追求中有坚守。精神信仰往往不是针对眼前容易实现的事情，而是针对未来难以实现的事情，越是遥远而难以实现，越显得伟大和光辉，同时也越需要精神信仰的支撑。人的生命毕竟是具体和现实的，注意力主要集中在当下，如果没有一种精神信仰，只把遥远而远大的理想当作一种抽象认知，那么这种理想就会渐渐退化为一种可有可无的存在，或者变成一种只需要被反复告知的需要了解的对象。特别是当这种知识体系与现实社会变迁的距离拉大，难以给予现实实践过程以理论说明的时候，或者说这种知识体系转变为一种抽象的理论推理和逻辑论证，抑或转变为一种对未来社会的纯粹性描述，而这种描述又没有提供价值体验和生成性解读，并过度地衍生出对既有原则的浪漫想象和演绎的时候，这种知识就既无法为信仰提供事实辨析，也无法深度、理论性地说明自身的现实存在，或对现实变迁进行理论化的说明。

理想信念教育本质上是一种基于生命体验和人生体会上的精神价值的孕育成长过程，这个过程一方面需要基于现实变化的知识体系的说明和实践推动，这是建立科学自觉的理想信念的基础；另一方面需要上升为一种价值理解和生命融入，这是一个内在化的过程。它不只是一种知识论，更是一种价值论和人生观。共产主义本身蕴含着一种理想信念，既有坚韧不拔、高阔愿景和深情期待，又有群体幸福和个人赞赏、人生智慧和生命境界。如何把这种内涵展现出来，在教学过程中，需要将事实过程充分地阐释出来，使学生体会到这种追求和实践的人文价值和人生渴望，产生情感共鸣。在体会到这种追求和实践的人生极致性的同时，内化为自己对人生的价值提炼和心灵选择，成为自己人生中相信和认可的目标，与精神价值和生命实践一同成长，是教学的关键所在。

第二节　现实感隔膜对社会演进的疑惑

随着经济建设的深入推进，政治、经济及社会等领域所关涉的共产主义相关议题越来越重要，成为不得不直接面对和回答的问题。共产主义能否给予当下社会实践以充分有力的理论说明，说明当前的实践模式是共产主义在当下的获得形式和未来的展开基础。特别是如何回答好共产主义对未来社会的若干原则性描述所体现的人类文明性，在当前实践中的呈现形式和可能存在的时代张力，如所有制问题、共同富裕问题、按需分配问题、劳动与存在问题、自由人联合体问题等。时代主题和实践任务的变化把共产主义引入不同的现实性之中，共产主义则要将这种现实性展开为自身的理论说明，这些问题往往成为诸多疑惑的导火索和关节点——直观而深入。改革开放以来，特别是在新的时代主题和实践面向中，共产主义能否对社会现实进行充分的理论化说明，这对激活其回应现实社会变迁发展的生命力，增强其基于社会脉搏共振的在场感，进而彰显其融入现实的深度和广度，获得阐释现实的话语能力有重要影响。而无法科学合理地理解这些问题的现实状况和指向未来的逻辑进路，将会直接遮蔽共产主义的未来与现实的关系，进而弱化理想信念。

一　共产主义理想信念教育的现实感隔膜

在共产主义理想信念的教育过程中，缺乏现实感或者说对现实社会变迁缺乏充分的理论说明越来越成为一个重要的问题。共产主义与现实社会发展之间存在距离，这种距离的本真内涵，既表现在共产主义需要得到一种现实说明，但目前这种说明却并不充分，又表现在现实发展需要从理论层面论证共产主义的在场性，但目前这种论证还有所欠缺。进而，出现了理想信念教育是理想信念教育，实际社会发展是实际社会发展，导致理想信念教育难以有效沉淀为生命价值理念，反而使得理想信念教育变成了一种知识教育，退变为空洞的知识体系。

共产主义不同于一般的社会思想或理论，共产主义的终极存在是一种需要实现的社会制度（理想），社会现实性是它的本质属性。其他的一些社会思潮，有的只是发生在私人生活领域，作为一种价值观念而存在，并不一定需要实现为一种社会性存在。而共产主义是以群体为实践主体而展开的现实变革，实践进展如何，程度怎样，时刻受到人们的关注，直接影响到这种思想及其价值观念进入人心的效果。理想信念教育最有力的方式之一是不断地在现实中证明它的存在。所以，共产主义的现实性决定了其对社会发展进行理论说明的必要性，理论创新的急迫性。但是，在教学过程中，对现实的理论创新和说明，论证共产主义的在场性和实践演变并不是十分理想，从理论高度对现实过程进行说明而非抽象化的逻辑论证有待强化。具体而言，在共产主义理想信念教育的过程中，一般常常是基于两个方向来说明或论证共产主义的科学合理性的——过去的历史和还未实现的未来，从这两个方面说明有其必要性，却相对而言缺少基于对现实实践变革的理论回应。

第一种阐释方式是历史切入，从资本主义的邪恶乃至于早期的灾难中，基于一种比较方法和进步视野，阐发出共产主义的理想性和文明性。这种阐释是立论之根，它回归到马克思那个波澜壮阔的大时代背景中进行实际说明。马克思正是对他所处的那个时代的普通大众和社会底层劳动人民人生境遇和生存苦难的关注和同情，才以冷静的观察和深入的分析，来思考近代以来出现的这样一种社会的特征和本质。这种分析的独特之处在于，它对普通个体的关怀上升到了对整个社会文明模式的反思层面，跳出了个体的儿女情长和悲天悯人，拓展为一种整体性视野和宏大叙事。关注到微观个体的命运不能自已，不受自己控制的现实，对个体的人文关怀跳出了对个体命运的有限思考，在更宽泛的层面上注意到影响人生境遇的整个社会宏观结构。从整体上变革整个政治经济结构，对个体生存境遇的改善具有极端的重要性。因而，基于资本主义历史的野蛮性、非文明性，如资本原始积累、殖民主义扩张、国家海盗行为、三角奴隶贸易、东印度公司、土著居民屠杀、严重社会不公等造成的文明危机与大众苦难，来分析资本主义罪恶和灾难的内在运行机制，以及资本的本质，等等。通过这样一种历史性的描述和分析，从历史起源和逻辑开端论证共产主义的文明性和科学性，共产主义之于资本主义现代性的超越性就被自然而然地呈现出来，并得到极大的认同。这是第一种论证方式，具有较强的说服力。

在对共产主义产生的历史条件和思想基础进行起源性的论证之后，第二种阐释方式就是把目光转向遥远的未来，通过对遥远未来社会的美好描述和勾勒，来进一步展开共产主义社会的幸福卓越。正因为未来的美好是对现在的矫正和弥补，是符合人们的期待的，才生发出价值正义和行动指向。这种描述如财富极端丰富、按需分配、劳动自主、时间自由、社会和谐、压迫不再、私有制消灭等，勾勒了一个人人平等、生活富足、精神充实、愿望实现、自由发展的新社会。这种新社会是对资本主义社会的扬弃，是克服资本主义社会的内生性灾难，是在获得资本主义文明成果基础上的，对另一种承载美好生活社会的构建。对这种美好生活的向往和追求，内在地包含了对共产主义的坚持和信仰。

这两种阐释方式具有承前启后、相互衔接的效果，正因为基于这种历史，所以产生了对美好社会的期待和构想，并且是建立在马克思的历史唯物主义科学分析之上的。但是这种方式也表现出了其不足的一面，着眼于过去和未来，而缺乏对现在的侧重，导致对现实实践的阐释力度不够。人的存在虽然有一种纵深，既有过去和现代，也有未来，但人们毕竟生活在现实中，是一种现实的具体性存在。现实状况的变化在根本上影响着人们对问题的认识和理解，对价值的判断和选择，况且过去也是过去之人的现在。此刻的现实是接受信念和感受信念的本真起点，回避现实也就真实地回避了价值孕育的土壤。

共产主义理想信念是一种充满现实性的理论，基于中国特色社会主义和新时代的最新成就，从理论层面深度地阐释共产主义在当前的实现形式和未来方向，给予一种合理的论证，是当前最为迫切的需要之一。这种理论论证是对实践过程及其经验的充分说明，而非脱离现实的抽象推理，这样能够有效打破共产主义理想信念教育过程中的现实感隔膜，呈现共产主义的现实在场性和实践生成性。

二　理论性阐释的弱化对现实回应的无力

在教学过程中，对现实实践过程的理论性阐释不足，加深了理论与现实之间的分离，难以有效给予当前社会实际以有力的论证和说明。这种对现实回应的无力，在根本上是由理论自身的特征以及社会实践主题的变化共同影响而造成的。

从共产主义思想及理论自身的特性来看，共产主义在本质上是一种有待实现的社会理想，而不是一般意义上的思想理论——作为一种纯粹的道德训诫和价值想象而存在。这样一种有待实现的社会理想，在孕育和形成之初，主要还是呈现为一种理论形态，而不是实践形态。马克思恩格斯通过对西欧资本主义社会及其发展的政治经济学剖析，探讨以资本现代性所引起的人类文明的灾难，构建了科学的社会主义和共产主义。但是，这样一种理论在当时还主要是一种理论形态，或者说科学的理论论证，而没有现实的社会实践条件。所以共产主义虽然有一种强烈的现实性，立足于改变世界而不是解释世界，但这种改变在当时的条件下还没有真正发生。尽管如此，共产主义是通过对资本主义社会生存灾难和文明局限的分析，从旧社会的母体中发展出一种新社会的蓝图，切合了人们的现实期盼和未来理想，能够深入人心，获得拥护。当普通大众处于整个社会结构带来的艰难境遇之中，个人的生存状态更加恶化，而又无法像在一个正常的社会中那样，通过自己的努力来改变人生状况的时候，这时就需要对社会的变革，以期实现一种更加美好的社会，进行一种整体性的社会变革，这自然而然地上升为最迫切的追求。共产主义正是表达了这样一种整体性的社会变革要求，从而自然而然地成为普通大众的共同认同和选择的目标。

在这种共同认同和选择目标的指导下，共产主义逐渐进入真正的实践。巴黎公社、十月革命，特别是新中国的成立和社会主义改造，开始将共产主义真正引入实践。这种引入实践的方式最初是通过革命展开的，政治革命是实现共产主义的政治基础和基本条件，在当时是首先需要解决的时代课题。这种革命实践在根本上具有一种政治的靶向说明，通过革命直接在政治上否定资本主义社会制度，以国家力量反对资本主义社会，是共产主义在革命时代直接的自我呈现。这种政治制度变革实践正好契合了前期的革命期待和现实需要，增强了人们的共产主义理想信念。

在这之后，当革命时期向建设时期转变的时候，共产主义的实践就变得更为复杂。从较为直接的政治革命中树立社会理想，转变为更具体和复杂的实现理想，现实实践是从整个社会的全方位展开，而不是某一方面的变革。政治革命作为发展的前提性条件这一历史任务完成之后，新的全面性社会建设展开。具体而言，政权胜利后，社会主义、共产主义建设的急迫性就上升为最突出的问题，这种突出不仅表现在落后国家的现代化需要。即如何在没有获得资本主义文明成果的前提下，在自身的现代化发展过程中扬弃资本主义而获得客观化的文明积累（特别是解决私人生产的高效性与社会公共福祉增长的问题）。同时，这种需要更表现在，新时代中国特色社会主义，如何解释由赶上时代到引领时代，超越资本主义现代化的文明局限性，走出一条中国式现代化新道路，创造人类文明新形态的社会实践过程，以及这个实践过程与共产主义的内在本质关系。如何在这样一种建设社会主义的过程中，既扬弃资本主义生产方式和社会建构，又展现共产主义的前进方向。

前后时代条件发生了很大变化，理想信念教育的阐释逻辑并不相同。最初的政治问题的解决，在人们的内心直接建立了与共产主义的相关性。共产主义社会远大理想在政治层面获得了其直接而现实的前期存在形式，使人们感觉到共产主义就存在现实的变革之中，获得了极大的说服力。同时也注意到政权建设是共产主义理想实现的前提，共产主义是基于历史唯物主义自然发展的过程，不是直接通过政权构建起来的。所以，在政治压迫的极端历史背景下，共产主义对人们摆脱政权压迫，实现政治解放意义重大，从政治这一维来看，政治革命增强了人们对共产主义的向往，但之后的任务逐渐复杂艰巨和全面丰富。

共产主义在政权建立后存在一个全面多维的建设过程。当政治问题这一基本任务解决之后，实际上只是建立了发展共产主义的政治基础，并不意味着共产主义社会马上就要到来。而是说，实现共产主义的首要条件解决了，而推进、完成共产主义的其他内容还在进行中，除政治维度外，我们的经济维度、社会维度、道德维度、思想维度等，都需要全面展开和深入发展。也就是说，共产主义作为一种宏大的社会理想，是对整个社会的总体性和根本性变革，而这种变革的现实展开往往表现出由单一到复杂的过程，由最初的政治革命到政治革命胜利条件下的经济、社会、文化、生态等多方发展的过程。这种现实实践会随着共产主义现实展开之完备性和深入性而更加复杂。这种复杂在本质上一方面说明了共产主义的现实深入，另一方面又表现为，对这种现实实践进行理论化阐释的迫切和艰巨，急需理论创新，跳出西方现代化和社会建设固有的意识形态框架，对过去取得的成就和未来的共产主义前进方向进行真实的经验总结和深入的理论构建。

　　但是，在实际的教学过程中，往往缺乏这样一种对现实实践的直接性、深入性理论说明。这种缺乏可能是由于没有清晰的现实感，没有认识到时代主题变迁过程中，共产主义在不同维度实现自我的巨大差异，这种差异决定了对共产主义的说明不能停留于某一种时代面向中的阐释逻辑和理论形态。时代在变化和发展，在前一时代，共产主义的某一特性得到实现和说明，后一时代，共产主义宏大变革的其他方面获得了机遇和实现的可能，需要进行切合实际的逻辑阐释、理论说明，而不是仍然基于之前的理论路径。同时，这种缺乏也可能是由于已经对这个问题有清晰的认识，但是，苦于缺乏理论创新，缺少贴近时代变迁的理论创新来阐释这样一种变化。无论是哪一种意义上的缺乏，都提醒我们，共产主义作为一种整体性、根本性的社会变革，不是一次性展开的，而是要将这种价值追求外化为具体的社会实践，在获得其特定的时代形式中，积累完成的。因此，根据现实发展来说明共产主义获得现实的实践程度，是增强理想信念的重要力量。

第三节　主体性弱化对人生心灵的疏远

　　共产主义理想信念只有切实地关心人、理解人，走进学生的现实生活、关注学生的日常冷暖、平等对话，才会真正走进内心，被心灵接受，沉淀为一种精神力量，转化为一种实践动力和过程坚守。在政治动荡的革命年代，由于个人生活境遇改变的直接前提是国家统一、民族独立，民族国家的命运成为个人生活和现实努力的根本内容，前者的失败直接导致后者的灾难，两者高度一致。在这种背景下，共产主义理想信念具有一种宏大叙事的逻辑，直接基于统一性层面的社会合力的动员，具有巨大的说服力与亲和力。而随着时代实践方式的转变，以及国家安定繁荣的发展，个人生活内容更加舒缓，实践主题更为丰富，生活日常更为纵深，基于人生所需要的动员方式也发生了巨大的变化。传统的宏大叙事难以充分契合主体性、微观化、个人化的实践方式，难以深度与个体生活和心灵世界平等、真实对话，造成两者之间的距离与隔阂。

一　共产主义理想信念教育中的宏大叙事

从总体的思想面貌和理论特征来看，共产主义具有宏大性特征，但这种宏大性本身并不存在任何问题，也不是问题的根源。在根本的意义上，共产主义反而具有强大的思想穿透力和崇高的人生境界。这种伟大力量和人生境界需要通过一种贴近主体的方式阐释出来。

在共产主义实践过程中，共产主义除了与作为整体、宏大的"我们"密切相关外，与作为个体的、微观的"我"的关系又是怎样的呢？虽然人人都知道共产主义，却并不是说人人都十分清晰地知道共产主义与个人生活的真实联系存在于何处。每当提到为共产主义事业而奋斗的时候，在内心深处，大家是热切的，毕竟一个美好的社会人人向往——这是沉睡在人类文明中的一个梦。但是，具体到现实中常常又会出现一个重要的偏差，即个体怎样才能为共产主义事业奋斗，这种奋斗如何实实在在地内化为个体的精神动力和现实追求，在成就自我的同时成就社会——两者之间的关系需要透彻的理论说明和有效的路径展开。

共产主义在根本上是对人的生存境遇的深刻同情和关怀，而生发出对个体幸福生活和自我实现的现实社会道路的探索，是一种将内心的强烈期待客观化为外在现实过程和存在的强劲的实践活动，充满了理想性的现实主义态度和客观化的精神追求。只是，这种关怀和探索既有理论上的深刻彻底，又有实践中的现实客观，表现出这样一种宏大性。具体而言，深度关怀和现实探索从两个维度伸展和构建了这种宏大性，一方面，个体永远不是寓于自身之内，沉浸于内在思考和心灵的个体。个体实际的生存境遇和人生历程始终表现为一种具体性和真实性，会受到现实客观环境和生活条件的影响甚至主导。因而，对人生境遇最为彻底的观照是观照其现实生存环境，而不是关注其情感，使其暂时舒缓。这种观照直指问题实质并满载力量。是直面人类本质问题的彻底与决绝。另一方面，对人的生存所展开的现实追问和思考不仅将人生问题从内心引向现实，获得一种实际的改变可能，而且将人的生存问题引向了一个更为宏大的存在视域之中。人的存在方式的现实性不是单纯个体的现实性，而是群体的现实性，是与身边的人和物存在广泛联系和结构性互动的宏观现实性。人虽然是以个体的方式显现，却是以群体的方式存在。人的生存永远不只是与自身相关，而是与广泛存在的共同环境和群体结构相关。个人人生轨迹和生活状态要到个体以外的群体环境中去寻找和建构，而对个体现实的真正观照需要把目光从个体身上移开，以一种超越个体的眼光，发现个体存在的群体方式，这是个体生存最为深刻的现实性。

在共产主义的视野中，人的最深刻的存在是一种社会性的存在，是一种超出自我的存在。人的现实生存的改变不仅与自身的努力密切相关，也与整个社会和环境的宏大结构有关，这种宏大结构本质上构成了微观个体的人生底色和生活背景。共产主义的宏大性完整而深刻地表达了人的这种存在方式，并力求改变个体的生存环境。因此，共产主义不是远离人，远离个体的抽象存在，而是在更高视野、更深层次和更具现实的层面上，揭示了人的存在方式和生存方式的外向性、宏大性本质。宏大性的思想价值和实践探索道路本身并没有问题，它是对人类生存方式和个体自我实现的深刻理解。在理想信念教育的过程中，向学生传达这种思想价值和生存理想，使学生思考自己的真实存在方式，感受本真的人生境界，以及理解实践努力的方式和实际建构的社会样态，都是没有问题的。特别是在当代西方文明个体化深入发展和呈现自身文明的内在局限性的当下，这种思想呈现和价值教育尤为必要。关键在于，随着社会时代主题和人生实践方式的变化，以何种方式来呈现这种高阔辽远和现实客观。理想信念教育要讲究方式方法，讲究入脑入心的进入路径。当前共产主义理想信念教育的问题正是对这种阐释逻辑和呈现方式没有清晰的自觉和转变，有时在自觉不自觉中坚持一种宏大叙事逻辑的同时，而忽视时代主题的变迁，难以及时随具体实践的变化而在方式和逻辑上作相应的调整造成的。

在共产主义理想信念教育过程中，这种宏大叙事逻辑主要表现为政治革命、社会运动、民族危机、国家独立等整体性、宏观性的进入路径和阐释方式，而话语方式则主要有革命话语、苦难话语等。宏大叙事逻辑和话语方式十分有效地吻合了当时革命年代的社会现实和实践模式。在革命年代，救亡图存这种宏大的时代任务几乎构成了个体微观生命的全部内容和关注中心（上升为第一位的存在），对个体生活的关注与对家国统一、民族独立这种宏大时代任务的关注是高度统一的，个体生命的关切和激发同时代任务的政治性和急迫性内在统一。因而，此时的共产主义对个体生活和命运的关怀，是要进行一场集体性的社会重构，建立独立、统一的国家政权和安定有序的社会环境。这种集体性的社会重构既是时代背景下，个体现实生活的主要内容和中心主题，又在根本上超出了单纯个体努力的限度，弱小个体的抗争难以改变整个社会状况，进而难以改变个体命运，个体命运的改善需要通过一种集体性的努力来实现。而此时的共产主义正是通过一种集体性的方式展现出来的。这种集体性的方式克服了在处理超个体社会任务时，个体表现出来的有限性和脆弱性，突破了个体基于自身生活而被调动起来的实践限度，强化了改变个体处境和国家命运互构互建的实践力度。正是在这样的时代背景下，共产主义的现实生命力，是通过一种宏大的、整体性的话语方式和阐释路径，将社会重构的整体理想直接与个体的生活期待对接起来，极大地激发了个体热情和集体合力。所以，此时共产主义的宏大叙事是切入特定历史主题和实践任务自然而然的呈现和逻辑上的必然。

改革开放之初在教学过程中，由于转变的相对滞后性，则在一定程度上延续了这种宏大的叙事逻辑。这种宏大叙事对战争年代的说明是深刻有效的，而对改革开放后社会实践主题和实践面向的转变说明，则存在一些不足，这既表现在内容上，也表现在叙事逻辑上。改革开放，经济建设成为国家的中心任务，建设中国特色社会主义市场经济，推动中国特色社会主义的发展，社会活力被有效地激发出来，社会处于重要的转型时期。而中国特色社会主义进入新时代，向第二个百年目标奋进，随着经济社会发展的全面展开，时代主题和实践任务发生了巨大的变化和调整。人们的实践方式、生活方式、交往互动方式和思维价值观念都发生了巨大的转变，这种转变的一个较为明显的总体性特征是社会生活和实践方式的主体化、微观化，这种主体化、微观化转变越来越成为影响共产主义理想信念教育不可忽视的因素。主体化和微观化的突出表现是，个体的能动性、创造性被不断地释放出来，并受到极大的尊重，这种能动性和创造性也实实在在地促进了经济发展、技术进步以及生活转变，更是推动了国家富强和文明进步。这也进一步推动了人们的自觉自主和独立意识的发展，人们更加关注个人美好生活的实现，把更多的精力和思考投入个人的奋斗历程和生命实践之中。通过自己的努力来实现自己的生活期待和人生追求的同时，也促进国家的发展进步，从而使社会生活实践的主题进一步拓展到更加微观的层面。

对比而言，共产主义与微观个体关系的相对松弛在改革开放前乃至战乱年代，之所以并不显得十分紧迫，甚至不会成为一个需要关注的问题，是因为共产主义与个体的关系被直接上升为共产主义与民族国家的集体关系，个体在特殊的年代显著地表现为一种经共产主义升华的集体性合力。这里并不是说个体不重要，而是说个体的重要性是通过集体性而呈现出来，包括面对民族国家危机和形成反抗合力，这是那个时代的整合逻辑，是共产主义解决时代危机的现实呈现方式。而当前，共产主义对人之生存的面向发生着巨大的变化，这种巨大的变化集中地表现了对"我"这个微观主体关注的增强。这种增强也并不意味着对集体性的"我们"的弱化，而是在特定的时代条件下，共产主义与实践主体之间关系构建的路径转变，共产主义对能动主体挖掘方式的转变（通过释放个体能动性来构建集体），而非自身内在精神的转变。基于共同体的原则下，共产主义理想信念需要获得接入主体实践，融入主体生活的现实新形式，这种新形式集中表现了直面个体生活和实践的能量、力度和智慧。

二　非主体性阐释逻辑对人生心灵的疏远

共产主义的这种通过面向微观个体获得时代生命力，进而占有实践主体、融入日常生活的转变，有其自身的时代背景。自改革开放以来，社会实践从纵深方向挖掘主体的能动性和创造性，极大地拓展了日常生活的微观化倾向，使得人们更加关注个体的人生经历、生命实践以及奋斗历程（这种转变同时也是整个国家安定繁荣，能够提供一种宽松的个人生活的反映和写照）。社会越是发展，个人的能动性、自主性、创造性越会得到尊重和释放，主体精神和自我意识也更加彰显。个人的奋斗历程、生命体验、内心感悟和实践思索也不断孕育着个体能动性和创造性的精神动力和价值选择，进而推动着整个社会的文明进程。在更深处试图对这样一种人生展开方式和生命奋斗历程给予一种意义说明和价值呈现。这种转变既造就了不同以往的社会生活实践方式，也引起了越来越个人化、微观化的心理需要和价值探索。

个体的人生经历和内心世界不是空洞的。当人们为实现自己的人生目标而砥砺奋进的时候，他们不仅会直面自己的人生，需要对人生实践进行一种解读，而且在这个过程中会遇到各种各样的问题，对问题的抉择就需要获得一种价值阐释。如果说对外在世界的把握主要是通过知识认知完成的，那么对内在世界的把握则主要是通过价值体验完成的，而将外在世界真正纳入内在世界，不仅使外在对象成为对象本身，并且成为"我"的对象的时候，就需要通过价值呈现和生命理解来完成。这一过程真正完成的表现，是人们对个人生活和实践问题（包括微观个体的生活实践与整体社会宏观环境的内在结构性关系及其互动）的真实思考和理解。

宏大的阐释逻辑难以在当前呈现出一种微观的价值引导，它常常脱离当前个体的实际人生历程和心灵体验过程，难以在这些领域展开为个体的对话，对人生的引导。而如果共产主义不能通过一种微观的阐释逻辑进入人们的人生和内心，占据这一领域，并给予实践的价值支撑和人生的境界指引时，他们就会寻找其他的价值观念来代替和满足这种需要，融入人生经历，给予价值说明，获得心灵归属。那么外来的或边缘的价值观念就会占领思想和心灵领域。外来或边缘的价值观念存在各种各样的人生价值导向，给予人生偏颇的乃至片面的方向建构，甚至将人的能力和智慧以一种扭曲的、偏执的方式引导出来。如极端的个人主义、享乐主义、消费主义等，它们满足了人的私欲，但将个体建构、束缚为一种动物性的、孤立性的存在，阻碍了人的本质的进一步升华和人生实践格局的展开，具有极大的伤害性。所以，在共产主义理想信念教育过程中，需要拓展、阐释出健康的、贴近内心和生活的人生价值说明，并将这种人生价值说明引向人的真实而厚重的社会性存在。

共产主义理想信念要真正走进人心，拉近与实践主体的距离，就需要有面向个体人生经历、社会实践和内心体悟的进入路径，真实而直接地与微观的人生经历和生命历程对话，理解个体的人生努力、内心思考和未来期待。保持心理深处的互动性，给个体能动性以价值关怀和境界导引，使个体在自我的生命历程中获得精神力量和价值方向，而非走向异化和沉沦；保持对微观生活的在场性和参与性，占领这一个人生活的领域，避免其成为人们精神信仰的真空地带，被各种社会思潮和虚假意识形态掌握；保持对个体的亲切感和引领性，与个体生命奋斗历程融为一体，进而在时代中找到自己的主体。

当代社会，人们共同面临一些重要的生活和实践主题，包括生活的意义和追求、财富的获取与使用、职业精神与事业心、成功与卓越的内涵、情感能力与表达、现代人群中的孤独以及繁华社会的人心躁动等，这些主题从不同的方位铺成了人生的选择路径和展开方式。如何将共产主义关于这些问题的宏大叙事，转化为学生能够感受的个体生存体验和生命感悟，给个体生活实践带来真正的价值思考和启迪，从而发挥引领作用，成为问题的焦点。具体来看，比如工作方面，工作占据了现代人生命的大部分时间（青年学生走进社会同样如此，而且，虽然共产主义社会的工作时间会极大缩短，工作成为一种兴趣，但在走向共产主义社会的过程中，工作问题内在地构成共产主义本身的实践问题，需要给予解答），构成了个体生活的主要内容，对工作的精力投入和价值思考就凸显出来。工作或劳动的意义是什么，工作如何升华为一种生命实践和事业追求，激发出一种生命热情和价值向往，而不是忙忙碌碌，或消极被动或唯利是图。工作如果缺乏积极进取、全面深入地追求，其意义和价值就会被逐渐解构，人们需要一种正确的价值引导和实践拓展。又如内心感受方面，如何理解现代社会中，人们内心的孤独与寂寞。这实际上是现代社会的群体交往方式的问题，并延伸到生产方式中的主体间性问题。人们不仅需要工作，以生活在看得见的世界里，也需要交流沟通，获得心灵生活。渴望理解和认同，期待有所共鸣，追求一种存在感。共产主义是否可以通过现实的方式，对现代人生中的情感和心灵问题提供一种贴近主体的价值说明，使人们孕育出一种健康积极、群体和谐、情感共融的主体间性关系，感受到进而推动这种群体实践关系的建构。

再比如财富理解方面，如何理解财富的意义，如何实现对财富的正确把握。按照共产主义的理解，财富在本质上具有主体性，它是对人实现自我的有力支撑，只有促进主体的发展和实现，财富才有价值。相反，在不知不觉中被财富束缚，则会阻碍人生走向饱满和繁荣，甚至毁掉人的一生。如何能够追求财富而不沉溺于财富，利用财富而不成为守财奴？还财富以正当的社会地位和之于人生的价值才是需要真正关注的问题。许多人追求财富，可能是因为缺少财富，这种缺失激发的刺激感和驱动力掩盖了生命的所有方向和视野，成为唯一的目的，从而被牵引。可是，如果没有审慎的反思，谁又会觉得自己的财富太少了呢？当人们陷入财富的无穷追逐中的时候，金钱拜物教和异化就产生了。况且，财富虽然常常在人生的前台显现，光鲜亮丽，但财富植根的基础却在后台，在事业创造中，财富在本质上是一个附带过程。所以，当人们在追求财富和占有财富的过程中，如何保持一种从容和谦卑，而不是急功近利和焦虑不安，则需要共产主义的深入阐释。

同时，我们也注意到，这种通过释放个体能动性和创造性，激发个人生命热情和实践动力，而形成的人生展开方式和生命奋斗历程，无论如何深入地向主体层面和微观方向拓展，始终也不是脱离人的群体性存在和实践结构，始终是处于新时代中国特色社会主义的道路实践，以及共产主义的方向指引之中的。当国家在经历了民族危机和政治革命这一时代性的任务，获得了实现共产主义的政治保障，为共产主义的继续发展提供政治条件之后，共产主义的进一步展开就会呈现出全面性、层次性和多维性。在这样一种全面多维的建设格局中，激发社会活力和动力，使主体从不同的维度释放各自的能动性、创造性就具有了重要的意义。共产主义的这种多维释放和全面展开的推进方式，在表现形式上呈现出一种社会实践和日常生活的主体化、微观化，而在总体视野和内在逻辑上，则是共产主义的进一步深入发展的现实需要和逻辑必然。共产主义的宏观叙事逻辑切合的革命年代的时代主题和实践目标，对国家统一、民族独立、建设新社会的奋斗既是从时代中呈现出来的政党国家任务，也是个人微观生活的主要内容和人生奋斗目标。特殊的时代任务下，个体与国家奋斗目标是直接统一的，而现代社会，则是通过个体努力来实现个体的同时，推动国家建设，两者推进的方式通过一种主体性的微观面向被建构起来，并激发出无限的驱动力。

因此，如何将共产主义的这种自我推进的内在逻辑拓展出一种主体化、微观化的阐释逻辑，深入主体的内心世界、满足主体生活实践的价值需求则是问题的关键。面对这种主体化和微观化的进程，共产主义宏大叙事逻辑往往较难深入地捕捉到人们心理和精神情感层面的深刻微妙变化，急需拓展出一种微观化的叙事逻辑和话语体系，来进入人们的内心，关注人们的人生奋斗和现实期待。当然，这种转变只是基于时代变化而进行的叙事方式的调整，并不意味着共产主义内在思想精神和价值理念的转变，核心在于如何构建出一种更为有效的呈现和进入方式，增强理想信念。

第四章

共产主义理想信念教育的理论逻辑

现实性和微观化是当前共产主义增强现实在场感和个体进入性，彰显时代生命力和个体回应力的两条基本切入路径。这是改革开放以来，特别是中国特色社会主义进入新时代以来，共产主义在与社会实践的张力中，逐渐形成的两条逻辑演变方式。从微观化层面考察，强化共产主义理想信念教育，需要从理论上对共产主义理想信念进行既有深度又有温度的阐释，找到共产主义理想信念展开与学生个体生命真实进入的临界面和契合点。这种阐释既是一种理论说明也是一种生命融入，通过理论分析和情感共鸣双重方式，将其融入生命的成长历程之中，内化到思想的感受体悟及反思沉淀之中，从而将学术研究同教学实践统一起来。因此，对共产主义理想信念有思想有温度的阐释与个体生命之精神力量的沉淀是同一个发生过程，通过这种临界面和契合点的整合，构建共产主义与学生理想信念养成的桥梁纽带，进行一场生命教育，让共产主义理想信念真实地入脑入心，从而最终使学生有感受、有思考，终有所得。

第一节　共产主义的人文向度与理论形式

共产主义理想信念具有一种深刻的人文精神，关心人的现实境遇和生存渴望，内在于人们的生命实践和生活经历之中，生发出强烈的主体关怀。在教学过程中，切入这样一种理论建构，彰显其人文精神、逻辑线索和展开形式，有利于拉近与学生的时空距离与心灵隔阂，使学生能够通过思想的力度和情感的温度感受、体悟到共产主义的在场性、共产主义与生命实践及其成长奋斗的内在交融性，从而在这个过程中树立共产主义理想信念。

一　人类解放的价值关怀

共产主义的人文向度集中表现在它有一种超越于个体层面的群体关怀和超越于片面自由的总体要求，即人类解放的价值追求，体现了一种高远的苍生精神。这种苍生精神是对人生苦难的深刻同情、生命尊严的坚决捍卫以及人类命运的无畏期待，彰显了对人的生存彻底解放的斗志和勇气。共产主义思想及其精神源自 500 余年前莫尔的《乌托邦》，并在随后的空想社会主义者对资本主义日益严重的经济政治问题的批判中，经马克思的历史唯物主义和政治经济学的深度剖析，最终形成了科学的理想信念。根本上，共产主义是人们内心渴望的一种普遍表达，这种普遍表达源于每个现实的生命个体，在面对人生艰难和社会困境时，生发出的反抗与不屈。这种反抗与不屈从每一个微弱的个体，汇聚为一个时代的共同选择，构成了"无产阶级解放的条件的学说"①，内化成普通大众的价值追求、奋斗历程和实践方向。这种情怀是立足于生命本身自我关心基础上的对每一个人的关心。它超出了

---

① 《马克思恩格斯文集》第 1 卷，人民出版社，2009，第 676 页。

个体关怀的狭小视野和片面解放的不彻底性，在观照人类解放的宏大视野和崇高境界中，展开自己的人生理想，突出了一种苍生精神和大众情怀。

具体而言，一方面，共产主义人类解放的价值追求超出了个体关怀的狭小视野，表现出一种群体解放的逻辑。在人类历史的长河中，许多璀璨的思想饱含着丰富的人文精神，伸展出一种人文向度，共产主义或许只是其中的一种，但无疑是重要的一种，是高远而科学的一种。在这诸多思想中，有的表现为一种全力以赴的利益追求，寓于一己的利益得失而无法自拔；有的表现为一种主观幻想的一厢情愿，沉浸于内心的自我想象和意义说明；而有的则把人生的关怀建构为一种逃避，将生命的悸动和反思一并剔除封存，不敢触及。无论是外在现实利益的追求，还是内在主观世界的慰藉，抑或是对这些追求的自我决断，都表现出一种个体性的观照和追求。如果个人得失不越出个人界限和公共性领域，不伤害别人，坚守一定的群体原则和界限的话，这种个体性的观照和追求在一般意义上并不必然造成问题。只是，当这种个体性追求伴随着近代以来的资本主义和个人主义（人文主义蜕变成了一种极端的个人主义）被推向极致的时候，个人追求就远远越出了单纯的个体观照的界限，表现出一种对他者的压制和剥夺，更难以说人类解放。如果说只求个人得失，不管他人苦乐，那么，将只求个人得失极端化，则会转变为一种建立在群体压制基础上的个人解放的逻辑，这种逻辑在近代资本主义社会以来被充分地发展了。这种局面在现实中往往造成人与人之间的冷漠和彼此对抗，这种排除群体解放的个人解放在逻辑上也是自相矛盾的。个人解放或许有不同的向度和路径，但个人解放在确认自身意义的基础上，也内在地引向群体解放的方向，否则这种个体解放会造成对他者的伤害，并最终反过来指向自身。

因此，人类解放在群体解放的意义上，走的是一条不同的道路，这种道路不同于上述以原子的个人为出发点，通过对抗和压制别人，剥夺别人来实现自己的解放和自由——这本质上是一条跨越主体之间，向对方获取、夺得而成就自我的道路。相反，共产主义的解放道路，则是通过给予来实现自我，在他人获得自由的过程中实现自我解放。由此而言，个体解放有两条道路：一条是压制对方、争夺资源的道路，这条道路发展的逻辑结果是自我和群体的双重奴役；而另一条是为别人创造条件，同时实现自我，在解放别人的过程中，自我获得了认同、信任和被期待，获得了在自己的群体中被承认和赞赏的意义，以及在这种认同和赞赏下被提供的实现自我的条件和机会。一个人生命的能量越大，就越能成为别人的光。这个自我的实现同时也能够进一步为更多的人创造条件，在一种扩大给予的过程中，实现群体的解放和自我的解放。这种解放的道路在现实的个体人生和社会实践中依然具有时代意义和现实意义。当我们在成就别人的时候，自我也得到群体的认同，自我在本质上与群体是同命运共呼吸的，群体的解放意味着自我的解放。而始终基于前一条解放逻辑，则会造成群体的解放势必意味着对自我的压制这一结果。这是两条道路、两种逻辑、两种人类发展方式。

另一方面，共产主义人类解放的价值追求超出了片面解放的不彻底性，表现出一种总体解放的逻辑。人类的生命和生存包含了深刻的丰富性，具有不同的维度和面向。人是一种现实性的存在，这种现实性的存在使人作为鲜活的生命以及作为非工具的人，具有不同的生存向度，有经济的、政治的、社会的、文化的、生态的等存在维度。经济向度提供物质满足和发展所需的资源条件；政治向度获得公平正义的政治权利，是对政治身份而非裸命的建构；社会向度彰显人的社会角色和主体关系；文化向度使人不仅生活在物质世界，更生活在精神心灵世界；生态向度表明人与自然之间的健康、审美、可持续关系逻辑。而最为关键的莫过于在经济解放基础上的政治、社会等各个向度的解放，进而最终实现人类解放。这种解放并不是寓于某种片面化的人生追求或被奴役的工具性存在。资本主义的政治解放是在对抗君主专制中，使人获得了一种极不彻底的、形式化的权利义务解放，这种解放只是服务于资本对劳动力的交易诉求和契约关系，本质上是保护剩余价值的积累。政治解放随着人类文明的历史进程囊括了某些客观进步的文明要素，如对生命权、生存权、教育权等某些人权的保护。但总体上看，政治解放具有一种形式化的特征，它剔除了实质上的人的经济社会的权利平等，人类不是靠空洞的权利而活，而是靠实际的社会资源来支撑的。因此这种政治解放带来的是大部分人实际生存境遇的恶化，少部分人的全面解放，少部分有权势有钱财人的充分自由。人虽然是一种具体化的存在，但这种具体化并不意味着片面性和工具化，也并不意味着一种有限的规定性，而是通过具体化去面向总体性的存在。人们总是期待生活更加丰富多彩，不局限于一种状态和境遇，有理想有条件来完成生命开放性的自我实现，跳出物质生产和政治权力对人的束缚，获得一种全面展开。当我们说财富自由、行动自由、思想自由的时候，恰恰以最朴实的语言表达了这种超越于资本主义政治解放之上的人类解放，人类全方位、总体性的解放期待。

总体而言，共产主义的人类解放所包含的群体解放与全面解放的价值追求，既超越了近代以来的资本主义个人主义、自由主义的解放逻辑，也超越了其他诸种人文解放形式。"他对抽象人性论和人道主义思想体系的批判，并不是要否定人性的内容和人道的精神，而是要将其纳入唯物史观的范畴。"[①] 这是深刻地洞察到个人生存的群体境遇的一种苍生精神和大众情怀，理解人、关

---

① 伏涤修：《从批判人的异化到寻求人的自由与解放——论马克思的人文关怀思想》，《人文杂志》2002 年第 2 期。

心人，进而理解人类、关心人类的深刻洞察和宏大精神；是超越人在具体规定性中沉沦为一种片面工具性的人文关怀，在无法避免的具体性存在中开拓出一种总体性和自由。

二　科学有力的理论表达

共产主义的人文向度集中体现为一种人类解放的价值关怀，并且这种人文精神获得了一种科学的理论表达，成为进一步导向实践的有力支撑。共产主义的人类解放不只是一种价值关怀，也不是一种纯粹的道德良善（纯粹的道德良善往往是悲悯而无力的），而是力图变为现实的理想目标。这种理想目标的实现有其科学的理论形式，在逻辑层面和方法论维度，为人类解放提供了探索的可能和实践的策略，保障了这种价值关怀在转化为现实行动过程中的思考原则和努力方向。以理性智慧的态度应对实践中复杂而具有张力的各种关系，而不至于沦为一种价值浪漫主义。一种价值关怀无论多么美好，如果缺少可能的理论路径，缺少思维逻辑和方法论指导，就难以将这种思想和关怀顺利地引入实践，就无法跨越从价值到现实这一巨大的理论鸿沟。

这种理论表达主要体现在以下三个具有概括性的概念之中：历史唯物主义、感性对象性活动以及唯物辩证法。这三个概念既具有独立的指导意义，又作为一个整体推动整个实践过程的深入。

首先，历史唯物主义视角在根本上为人们提供了观察和思考的原则，把人们的目光引向一种更为宏阔的现实存在。历史唯物主义既不是站在纯自然的物质主义的角度，也不是站在纯心灵的主观主义的角度，无论是纯粹的客观性还是纯粹的主观性都不是真正的现实性，都不是价值关怀实现的立根之处。相反，历史唯物主义是基于一种宏大的社会历史视野，拥有这种社会历史视野的现实性在于，它将人和物统一于同一个历史进程之中，统一于人化自然的心物互动之中。这种统一超越了纯粹的客观性和主观性，形成了一种既不完全从属于人的内心的主观性，也不完全从属于物质的客观性的结构性存在。这种结构性存在在社会科学领域是包含了人的存在的真正的现实性和客观性，不以人的意志为转移，突出地表现为生产方式的发展对社会关系和社会形态的建构。人类解放是一种包含了个体关怀的大规模的群体解放和彻底解放，在本质上表现为一种社会化的历史进程。因此，对人类解放的深刻关怀首先需要我们拥有历史唯物主义的视角，这种视角不仅为我们提供了有人在场的宏大的历史视野，明确我们的时代坐标，而且能够在一种实践的真理中清晰地把握历史进程。同时，历史唯物主义也使人们能够清醒地认识到，在有人的活动参与的现实和事件中，人类的实践已经不再是个体性的，在本质上具有一种共同性和结构性，这也是人们所处的实际微观环境和背景，需要更加理性面对。

其次，感性对象性活动则为人们提供了实践活动的方向和努力的向度。人类解放的实现，最终还是要靠人这个主体的实际行动推动完成，这个行动不是心灵的自我体悟和超越，而是实际地与物打交道的现实展开过程。所以，揭开怎样的一种生命活动向度和努力方向，本质上关系到人类解放的实践能否成行及其效果如何，而马克思的感性对象性活动正是起到了这样一种理论支撑和指导的作用。

感性的人，既是马克思理论的出发点，也是很多其他理论家思想的出发点，比如费尔巴哈，以及各种存在主义者等。而这里的感性存在可以延伸出多个方向加以阐释，既可以是内在的、外在的，也可以是直观的、抽象的，还可以是善的、恶的。如"费尔巴哈要么在说明人的感性本质或自然本质时陷入他自己所反对的庸俗唯物主义，要么在说明人的超感性本质或超自然本质（人的精神和社会性）时陷入唯心主义，或者说，他必然陷入自然观上的唯物主义同社会历史观上的唯心主义的内在矛盾之中"①。而马克思这里的"感性对象性活动"则是，通过人的感性活动获得现实经验，上升到理性认知，进而把握规律，切入自由自觉的实践行动之中。感性对象性活动在本质上是实践的，实践是实实在在地去践行，沉浸式地、全身心地投入，人的主观精神深入客观实践之中，心与物深度融合，义无反顾地去做而不游离。在实践的过程中，全身心地投入，沉浸式地努力，坚持极致与坚韧不拔，这是对待现实的态度，可谓实践精神。突出了精神情感和思想价值的在场性，突出了实践的现实感、意义感和价值感。实践在本质上是相对于抽象思考、纯粹的意识活动以及没有感性活动的行为而言的，这种行为导致的直接结果是，物与人本身的分离。物质世界与人的现实世界分离开来，这既不能解释物质世界，也不能解释人自身的生存和活动，更无法生成对物的感性。因此，不能脱离人的感性实践来理解世界和人自身，即不能从想象的、抽象的层面去解释世界和自身，更不能用想象的情感或逻辑来代替实践的现实世界。

最后，唯物辩证法则理性而充满智慧地处理了实践中最为关键的三对关系范畴：理论与实践、理想与现实、个体与集体。在有人的主观意识参与的客观实践中，人类活动总会动态地表现出各种各样的复杂性和张力关系，交织在一起互相影响，形成多个方向的牵引力。如果不能合理地把控这些关系并选择实践路径，就可能会陷入千头万绪之中而无从正确行动。

就理论与实践而言，理论往往具有逻辑性和建构性，当被表述为一般认知的时候，它的纯粹性和完美性常常就显得更为突出。而实践则是复杂曲折甚至往复的过程，由于实践在现实进程

---

① 邓晓芒：《费尔巴哈"人的本质"试析》，《湖南师范大学社会科学学报》2001年第2期。

中往往不单纯是自身运动，而是受到理论的指导，而理论如何获得可能的实现形式，则是不确定的。理论在总体原则上具有指导性，但在微观实践中可能会被修订，以不同的形式和实现程度展开。就理想与现实而言，理想可以作为一个目标，并且从纯知识的角度加以对待，进而转变为一个只需了解的对象，也可以作为一个过程，将它纳入现实的进程。而理想与现实的良善关系之一，是能从理想中生发出一种实际的渴望和毅力，甚至意义和价值，来沟通现实过程，否则，理想指向未来，现实表明现在，两者是分离的。树立理想往往首先是从内心树立，而不是从纯粹的认知上树立，知道并不一定笃信笃行，实践的持久力往往来源于精神的信仰。就个体和集体而言，在不同的时代背景和实践层级，个体激发出来的主动性与个体释放出来的动物性，以及个体的脆弱性和有限性与集体的束缚性与支撑性之间存在复杂的张力关系，需要分范围、分层级、分阶段地辩证把握。因此，在实际的进程中，如果没有科学的方法、足够的智慧以及坚韧的毅力，人们展开的实践往往会受到这些牵引力的多重影响并造成实际的后果，而当这些牵引力在特定的时刻对比并不鲜明的时候，这种影响往往是实质性的。因此，实际的社会理性进程及其要素关系总不是那么线性、直接和纯粹，而是要借助这样一种辩证思维获得足够的定力和智慧，在复杂的关系中厘清线索和方向，才不会在实践本身的过程中迷失方向，陷入微观。

三　与时俱进的呈现方式

共产主义的人文精神以关心人而超越于个体的崇高价值和科学有力的理论表达为支撑，将这种人生观照和群体关怀从理论层面引入现实和行动，彰显了人类对美好生活和社会生存理性而深情的渴望。而这种承载了人类美好社会理想和生活向往的价值追求，在科学理论的指导下，只有通过一定的社会形式才能真正实现出来。它不是无关外在现实变化的心灵慰藉和精神寄托，而是与人的生存境遇及其更广阔的社会历史变迁紧密相连，有一种面向现实的勇气和锋芒。

共产主义的实现是一个漫长的过程，这个漫长的过程是贴近现实客观实践的，而客观实践在不同的历史时期会呈现出不同的时代主题和实践任务，当基于不同的时代主题和实践任务，阶序性地实现共产主义的时候，共产主义就具有了不同的实践面向和展开方式。这种实践面向和展开方式不是整体性地一下子完成的，而是将共产主义这一总体性社会理想，分层次有先后地，以一种特定现实条件可以容纳和释放的方式呈现出来，进而不断推动、累积向前，在具体的过程中最终展开为一个整体。而社会历史的过程往往是人类实践过程的客观化呈现，人类通过实践使共产主义表现为一种社会历史进程而非价值观念形态。在不同的时代主题和实践任务中，人们的实践方式和生存方式会存在巨大的差异，这种差异动态变换，构成了人们生活的主要内容，引起了行为习惯、思维方式、价值观念和文化心态的变化。共产主义所表现出的不同的实践面向和展开方式，本质上需要与这种变化保持一致，以在时代的变换中捕捉实践主体，拉近与实践主体的心灵距离和行为距离，获得推动自身的能动力量。

这个问题的关键在于，时代主题的转换和时代任务的特征，需要我们以历史唯物主义为原则，带着历史感、现实感和时代感，考察人们进入社会和推动共产主义发展的方式。在民族危亡之际，共产主义的时代主题突出地表现为政治革命，通过政治革命实现民族独立和国家统一，以获得继续发展的政治条件。而彼时的实践方式是，为应对民族危机，需要迅速而强有力地实现社会分散力量的整合，形成共同的行为方式，在组织动员上具有较强的整体主义特征。而改革开放后，社会实践逐渐在个体能动性的层面获得了极大伸展，激发了个体热情，实现个体价值与社会价值的统一，主观性和微观性更加突出。这种实践方式的变化是共产主义与时俱进中尤其需要注意的。

共产主义理想信念的培育要与时代中的人生主题和展开方式相切合。根据时代主题和实践方式的变化构建共产主义与实践主体的直接性关系，拓展共产主义向实践主体的切入逻辑和阐释方式，使共产主义保持对人的社会生活和主要关注的在场性，并给予一种价值说明，引导一种行为发生，沉淀一种精神力量。时代任务的变化造成的实践模式的变化并不是要在整体或个体之间做出选择，非此即彼地选择一种思维方式或组织方式而抛弃另一种，而是以何种方式来关注时代任务，解决时代课题，完成理想目标。从时代的脉搏中找准问题的切点，在这种调整中运用合适的方式完成时代赋予人们的使命。而从内在的机理来看，战乱年代以整体的方式来关注个体，与和平年代以个体的方式来关注整体，或者说战乱年代以整体的方式解决时代问题，关注个体的命运，与和平年代以个体的方式解决时代问题，关注整体的发展，都不是为了形成纯粹的个体主义或整体主义，也都没有放弃集体主义的根本宗旨，或者说没有放弃共产主义的基本精神，即个体永远处于社会之中，是社会关系总和的个体，而社会也不是空洞无物的，是由个体的价值实践和真理探索共同推动、形成的社会结构和组织模式。集体主义或自由人联合体是基本的认知模式和理想信念。

因此，共产主义虽然是一种充满了人文精神与主体关怀，以社会整体性的根本转变为内在精神实质和外在实践要求的社会理想和价值信仰，但在不同的历史阶段和时代底色中，却有不同的呈现方式和演进逻辑，具有基于不同社会现实状况构建不同回应方式和阐释路径的鲜明特征。这种内在价值和精神虽然具有恒久性，但如何将这种价值和精神以与时代相适应的方式呈现出来，拉近共产主义与心灵的距离，获得不同时代的接入逻辑，则成为问题的关键。促进共产主义理想信念深入学生群体，就需要在更加注重集体主义价值原则基础上的主体性阐释方式的构建。关注学生的日常生活和社会实践中的主体问题，为学生的人生问题和社会思考提供价值说明和意义支持，使这些问题真正从心灵上获得理解。同时，在这个过程中需要注意的是，构建主体性的阐释方式并不是解构共产主义的共同性和集体性价值观念，而是将这种观念以一种更加靠近主体生活和心灵的方式阐释出来，以切近主体性不断增强的时代特征，化解时代转型过程中宏大叙事与主体生活之间的距离感。

第二节　共产主义的微观引入与价值超越

共产主义的人文精神以其逻辑的科学性和价值的辽阔性而彰显，但这种理论逻辑和辽阔价值的深邃性又深深地立足于普通个体的生命关怀和人生日常之中，并不是远离生活选择、生命期待和意义追求的空中楼阁与抽象说辞。它通过对人生姿态和生命视野的拔高，而生发出对现实的深情审视。加强共产主义理想信念教育，需要在建构科学人文逻辑的基础上，揭开共产主义之于人的社会生命历程、日常生活主题、人生实践境界及行动向度和韧性的内在性融入方式和超越性境界引导，以至极的关切为青年学生的生命实践和人生奋斗注入希望、勇气和宏阔坚韧的精神力量。

一　共产主义的个体性阐释路径

大致来看，改革开放前后两个不同时期，由于时代主题和实践面向的差异，共产主义理想信念的现实融入模式经历了鲜明的时代转换，即实现了从以集体的方式来观照个体到以个体的方式来深化集体这一路径转变（这并非共产主义理想信念自身内在精神的转变，而是切入路径的转变），并在新时代呈现独特的、更高层次的现实介入逻辑。特别在新中国成立前的历史背景下，整个民族和国家面临着严重的外来压迫和内部危机，并且这种压迫和危机是以一种集中性和整体性的方式从历史中呈现出来的，使得共产主义之于现实表现出一种整体性和宏大的呈现方式。民族独立、国家统一、建立新社会，是那个特定阶段的时代任务，这个时代任务难以依靠个体力量去单独完成，在急迫的政治环境下，必须在有限的时间内，获得一种对分散进行整合的社会合力。[①] 因而，共产主义要回应这个时代任务，就需要获得一种集体行动的理论逻辑，"把现存的条件变成联合的条件"[②]，形塑一种政治合力，反对民族压迫、夺取政权，获得共产主义继续前进的政治基础和前提。并且，对于个体而言，这种宏大的时代任务几乎构成了个体微观生命的全部内容和关注中心，对个体人生的观照就是对国家独立统一这种集体性时代任务的关注，历史的政治性和急迫性与个体生命的关切和激发高度一致。

这时的共产主义对人类生存和个体命运的关怀，是通过集体性的方式展现出来的，对个体生命的尊重和生活的关心是要为他们建立独立、统一的国家政权，提供稳定的社会生存环境。此时共产主义所内含的人文精神、所承载的个体关怀深度地内嵌于集体性之中，个体以集体的方式呈现出来，从而使整个民族和国家在短期内获得一种超越个体有限性的集体力量。正是基于这样的历史任务，共产主义在回应现实的过程中，以一种宏大的、整体性的话语方式和阐释路径，将社会变革的理想直接与个体的内心渴望对接起来，甚至对等起来，在最大的限度内，尽可能地直接

---

① 郭廷以：《近代中国史纲》，上海人民出版社，2012，第356~358页。
② 《马克思恩格斯文集》第1卷，人民出版社，2009，第574页。

激发和培育社会热情和集体行动的强力。在这样的历史主题中生成的共产主义形象则带有高大、急切、超越直接个体的整体性。同样，新中国成立之后到改革开放的这段历史，社会主义建设处于摸索阶段，由于计划经济的发展模式，延续了共产主义的这种话语方式和叙事逻辑。总体而言，共产主义的这种形象和特征是切入特定历史主题和实践任务的自然呈现，既回应了特定历史时期社会变革的需要，也反映了共产主义在时代的步伐中，被现实容纳的限度和可能实现的程度。从革命到新中国成立再到改革开放，政治革命和社会运动成为这个时代的主旋律，统一性、整体性的思维方式和实践模式表达和形塑了这个时代的面貌，成为社会运转的基本逻辑线索。但这种统一性、整体性的思维方式和实践模式并不意味着对个体的抛弃，而是借助整体合力的能量从总体上解决那个时代单独个体无法改变的巨大问题，化解个体的有限性与时代任务的总体性之间的矛盾，超越个体单独行动的有限性。个体性是以整体的方式来观照个体，解决个体无力解决的时代问题，战乱年代可以为个体的解放、发展提供基本的政治保证，推动革命任务的完成。

改革开放后，共产主义理想信念与普通大众的社会关切及生活关怀之间的关系有所松弛。这种松弛并不是说共产主义远离了人们的生活，成为一件无关紧要的事情，或者说共产主义只是一个美好、遥远而空旷的理想蓝图；而是说，共产主义的重要性难以获得一种充足而现实的话语呈现和理论说明，有时在内在的心灵世界中变得有些陌生，陌生为一件只需要单纯被知道的知识性事件，与人们的情感体验、价值追求和实践行为产生了一定的张力。共产主义对社会主题的捕捉提炼、对自身话语的调整建构以及阐释方式的逻辑转换等，与社会的变迁、人们的现实感受和理解存在某种程度的不一致性。

具体到社会实践层面，改革开放后，我国开始调整经济社会组织方式和发展模式，建立以社会主义市场经济为基本特征的社会运转机制，推动中华民族伟大复兴，社会整体的活力以个体活力的释放为重要特征。社会的个体能动性越来越突出，人们更加关注主体自主，重视日常生活，主体意识变得越来越强烈。社会群体性的组织方式和整合方式逐渐为个体性的生活实践留出更多的空间。正是对这种个人现实生活、现实幸福的追求过程，社会更加呈现出以人生奋斗为重要内容的交往、组织和运行方式。这种自我奋进与拼搏的意识和精神，以其特定的时空条件，高度彰显了人作为主体，实现自我的冲动和努力。促进了主体意识的自觉、个人权利的实现等，极大地激发了人们奋进的热情，释放了个人行动的主观能动力。

随着时代任务、发展要求和发展方式的转变，社会运转机制和实践模式也发生了转变，以个体的方式来观照整体成为这个时代的重要特征之一，但这种观照并不是理想目标和价值内容的变化，而是观照方式和实践方式的时代适应。所以，加强理想信念教育，需要深化共产主义贴近个体的阐释力和说服力，需要共产主义科学有力地回应（而不是回避）时代变迁中有关个体的新的理论和实践议题，构建其融入社会现实和日常生活的理论逻辑、结合路径、实施机理和呈现形式，从而增强现实回应力度，拉近与个体实践的距离。

二 共产主义的内在性融入方式

理想信念不仅是一个知识学习和理性认知的过程，还是一个孕育和构建情感价值、信念信仰入脑入心、自我确认的过程。理想信念只有深入内心，真正被头脑认可和心灵接纳，才会沉淀到生命本身的展开之中，积累为人生实践的养料和执着追求，激发出强大的能动力量。它是从内在世界发起的对人之成长的关爱和呵护，能提升精神品格和实践境界。"信仰的确立是个体对其所遇到的各种理论和价值观念进行比较、认识和选择的过程。"① 通过对学生世界观、人生观、价值观的引导和培育，使其掌握这把人生的"总钥匙"，能够"真学、真懂、真信、真用"。理想信念是以生命创造和人生奋斗为主题的教育过程，投身国家社会，树立远大理想，它引导、启迪学生在自己的主体生命中体认、反思这种力量，并慢慢地用心灵靠近，用行动践行。"青年一代有理想、有担当，国家就有前途，民族就有希望，实现我们的发展目标就有源源不断的强大力量。"② 当理想信念深深地植根于学生的内心，成为一种确认自我的生命力量时，它就内化在主体的形成过程中，就能在现实行动中发挥巨大的能动作用。

共产主义理想信念要进入人的内心，形成真正的世界观、人生观、价值观，就需要展开为一个自我内化的过程，这个内化的过程是通过自得，即自我的体验反思、生活阅历和社会经验来完成的，而不是单纯教育出来的。单纯的教育教得了知识，却教不出感受和体悟；教育能够产生熏陶和启迪，却不能完成价值内化和精神沉淀的最后过程。教育可以通过知识阐释、情感投入和价值引导的方式，给学生以熏陶和启迪，通过对领悟路径和进入抓手的铺陈，来推动生命切实的介入和体验共产主义理想信念的宏阔与坚韧。但是，无论从哪一种方式着手，向哪一个方向努力，到最后都是一个自我体悟和反思获得的过程，而不只是教育直接给予的。

这种自我内化的过程具有双重含义。一是对外界客观知识和规律的内化过程，这种内化是一种自觉的生命体悟和建构，它在本质上内化为自我生命的行动方式和日常习惯，认识客观规律，并在实际遵从规律的过程中，融合了自己的情感和精神力量的发

---

① 刘建军：《信仰追问》，中国青年出版社，2014，第111页。
② 《习近平关于青少年和共青团工作论述摘编》，中央文献出版社，2017，第3页。

作方式。情感的发作和意义的建立与这种客观知识和规律在节奏上是一致的，这个过程并不会让人感到痛苦、矛盾、冲突或被迫，而是自由自觉、从心所欲而不逾矩，甚至没有规则，规则已经转化为自身的情感发作方式和精神活动过程，已经被纳入人的意义世界，成为生活世界的一部分，化为主观世界的支撑。二是对价值意义、生命情感和道德伦理的内化过程，在价值实践过程中，往往需要以一种更为内在和自我的方式，将这些精神文化吸收到自我的构建中。这种构建是体会、感受、反思并最终融合为自我的一部分，最终沉淀为自我生命的内容，成为在一般意义上的价值原则，成为生活中的根据和支撑，而不是纯粹的外在的价值指导和行为规范。在这两种内化中，前一种内化使客观转化为主体的依据，而不是强制支配；后一种内化是自我的纯化和境界的修为，使人之道德价值和生命情感澄明出来，自觉地占有这种饱满，个体守正到极致，就直接地表现出一种人类共同的价值原则和生命期待，并呈现为一种个体的本真需要。共产主义理想信念教育正是从这两个方面进行内化的，既需要将共产主义社会的真理原则和实践规律内化为自我的行为方式和日常习惯，沉淀为一种情感和思维方式，又需要将共产主义的价值内涵和精神实质内化为自我的生命韧性和人生境界。而在现实生活中，这两个内化过程实际上是同时进行的，共产主义理想信念在对青年的社会实践、日常生活、人生经历展开事实分析和价值说明，并真正形成说服力和感染力的时候，就自然演化出一种生命哺育过程和人生展开方式，共产主义理想信念就真正进入了行为和心灵。

　　具体来看，要对个体人生实践所连接的心路历程和社会实践进行一种客观化的分析，并展开为一种靠近个体的价值说明，则需要关注当代青年学习生活和未来人生实践中面临的主题性问题，以共产主义理想信念所包含的价值观和人生态度给予深度的阐释和贴近心灵的解读。这种阐释并不是对社会共同价值和人类良善期待的改变，而只是阐释方式的改变。主体化、微观化的阐释路径并不意味着对这些内容的个人主义改造，而在于如何与真实主体建立直接的联系，内化于心，外化于行。

首先，关于成长与成熟问题。人们常说，成年人的世界里没有"容易"二字。一个人走向成熟并不容易，往往需要经历社会实践的磨炼和心路历程的澄明，这种磨炼和澄明的过程是复杂的，可能会将生命引向多个截然不同的方向。许多人在走向成熟的过程中，误把走出自我中心、走向世界和社会中的客观性与不以人的意志为转移，理解和建构为一种消极被迫、隐忍漠视及被动依附，并将之作为人生的常态，游荡顺从于现实规则而强作镇定，美其名曰"成熟"。然而，成长和成熟并不意味着生命走向被迫和无奈，走向与个体生命和生活分离的、疏远的异化状态，"生命活动同人相异化"①。成熟并非按捺住生命的冲动，压制住内心的本真期待，放弃自由自觉的实践活动。成长也不意味着失去挖掘主体生命力量的能动性，而是意味着将其汇聚激发出来投入事业、劳动和实践的洪流中，展现自己生命的创造力。

生命是一种创造性的力量，是一种自由自觉的实践活动，是"革命的""实践批判的"②。这种伟大的生命力量可以通过实践实现出来。真正的成熟是在认识世界客观规律和运行法则的同时，积极地运用这些规律和法则，充分发挥它们在实现自我（社会性的自我）过程中的稳定性和支撑性作用。释放自己的生命创造力，把它向外引申到现实的以工作和事业为载体的劳动实践中，实现自己的现实价值、人生境界和生活意义。在成长过程中，这种客观性和规律性在现实生活中，常常被解读为残酷、冷峻，而成熟则往往被相应地理解为被迫和隐忍，失去斗争精神。

① 《马克思恩格斯文集》第 1 卷，人民出版社，2009，第 161 页。
② 《马克思恩格斯文集》第 1 卷，人民出版社，2009，第 503 页。

现实世界具有客观性和规律性，不会因某个人的想法而随意改变，正因如此，对于人类而言，这个世界才有内在的稳定性，才有可以被深入认识和充分利用的可能性。成熟不是主体真实的生命和精神力量在现实中被压制和剔除，不是遮蔽内心，抽空人的主体性，失去初心使命、奋斗热情，不是将劳动实践退化为重复的、无意义的机械劳作。相反，成熟是一种劳动精神和事业精神，敢于在大格局中实践奋斗，释放无尽的创造性和活力，永远充满力量，在客观性中彰显能动性，充满斗争精神。

其次，关于工作（事业）和财富问题。"全部人类历史的第一个前提无疑是有生命的个体的存在"①，物质财富是生命存在的基本需要，但并不意味着人们需要耗费一生来博取。随着生命的成长和事业的增进，物质财富会逐渐增加，有些人沉溺于财富获取的极度兴奋的心理和精神状态之中，将财富当作"热恋的对象"②，难以摆脱这种依赖或快感，为了财富汲汲一生。财富与事业是一种辩证关系，财富在更高的层面上是事业的附带性收益，人们通过事业创造社会价值，实现个体价值，财富是对事业的激励。个体创造的事业越大，在事业中创造的社会价值越大，给别人的生活带来的幸福越多，社会对他就越认可，他就越能够调动资源和热情支撑事业持续发展，这是一个双向建构的过程。当人们专注于某项事业，通过奋斗、拼搏将事业推向更高的层次时，收获的往往不仅是财富，更有存在感、价值感和获得感的满足。

人生的追求具有多维性，财富是基础性的一维，但不是极致性的一维。基础性的一维具有前提性作用，但束缚于这一前提，就会迟滞人生的升华，遮蔽人生的丰富性、饱满度和境界格局。财富这个基础性维度只有获得自身的超越时，才会彰显其于人的

①　《马克思恩格斯文集》第1卷，人民出版社，2009，第519页。
②　《马克思恩格斯全集》第3卷，人民出版社，1960，第464页。

自我实现和社会创造的本真价值。财富可以成就一个人，也可以摧毁一个人。更高层面的人生追求、人生实现具有更大的容纳性，能容纳财富的主体性转化和事业性支撑。而对工作（事业）和财富关系的错误认识，将会导致人们只关注财富增长，失去对生命本身的尊重、欣赏和赞叹。当人们汲汲于外物的追求和占有，碌碌于名利场，将一生压缩在物质利益的追逐中时，人生就变成了一场交换和豪赌，工作和劳动就变成了一件难以忍受的事情。财富只有在它以事业的方式创造的社会价值中，获得认可和尊重时，才具备真正的意义和开放性。

最后，关于人生中的内在世界与外在世界的关系问题。青年学生会经常感到两个世界的张力关系和矛盾存在，要么感觉到两者难以同步、无法吻合匹配；要么感觉外在现实的冷峻和不近人情，甚至骨感和残酷，亦是宏大与难以把握；要么感觉内在世界的自在与自我、完美与纯粹，亦是欲望膨胀或情绪纷扰；等等。大学生在这种复杂的关系和多变的心境中往往不知所措，无从应对，纠结矛盾，无从获得科学的思想方法和价值原则的指导。其实，从共产主义理想信念及其追求的思想精神和价值沉淀来看，两个世界的关系并没有那么复杂。内在世界与外在世界有三重关系：价值理想关系、实践能力关系和心态境界关系。价值理想关系彰显主体内心世界对外在现实的美好期待，是一切美好憧憬和精神动力的来源，也可能是无限欲望和空想幻想的来源；实践能力关系表现了人们在具体现实实践中的知识结构、经验积累、学习能力、行动能力和操作步骤等，是人们实际能够完成一件事情的依据；心态境界关系则指人们以何种心态来面对实践过程对心灵造成的影响，心态不同，现实对心灵所造成的影响不同，最终形成的人生境界不同。而所有对这些关系的处理，都需要回到一个基本的前提，就是能够将两个世界区分开来，对客观世界的判断不能被主观情绪或观念代替，情绪心境的层面则需要深度的感受和理解。一些人活在观念里不能自拔，一些人受制于客观不能自主。

所以，深入思考后会发现，对人生的关怀，主要是关注两个世界：一个是对人生活的现实世界的分析和把握；另一个是对人内在心理和精神世界的理解，即对人的生存状况和内心感受的关怀。正因为人的一生都面对着这两个世界或两重世界，没有办法抛弃其中的任何一个世界，或者每一个世界都可能产生正反两个方向的人生结构和生命体验——痛苦和快乐都可能从这两个世界孕育出来，所以如何面对人生的这两个世界，是人迫切需要关注和审视的事情。而在最理想的人生状态中，我们发现，人既能够在现实中以积极进取的态度，发挥自己的能力，干一份事业，有一种伟大的追求，把生活过得更加幸福，又能够不为世间的名利所累，不迷失在纷繁的诱惑中，有所追求而不失去自我，不失去理想和初心。在"达"的时候，有一种包容的宏大格局和主体性；在失意的时候不灰心，继续拼搏而不为失败所伤。无论外在成败，有一种内在的精神自足和意义自足，无论世界怎样，我自岿然不动。这就是内有境界，外有进取。这种状态既可以从进取的一面谈，也可以从回归的一面谈。最后无论荣辱，都心灵自足，无论进退，都奋发不止，达及内圣外王。

总体而言，要想实现共产主义理想信念入脑入心，促进共产主义与生命成长和人生实践的内在交融，就需要激活共产主义对人生现实和困惑的回应力，激活共产主义进入内心世界的生命力，以这种有温度的切入和话语建构，使共产主义成为个体人生的选择，真正从中获得生命力量。每个人的人生都不是空洞的，总会基于一定的社会生活和心灵生活，展开为特定的人生轨迹，这条轨迹包含着各种各样的人生主题，形成了现实的人生百态。在这些人生百态中，有许多主题是大家共同关注和思考的，成为普遍的人生关切，比如工作、财富、压力、孤独、意义等。特别是青年学生还未深入社会却会关注这些问题，处于领略将深未深、想法说无又有的过渡阶段，更需共产主义理想信念对此做出有说服力的回应。

三　共产主义的超越性价值追求

强化共产主义理想信念教育需要拓展出一种主体性的阐释逻辑，构建出一种贴近个体化、生活化的呈现方式，以此契合时代转型过程中主体意识不断觉醒的现实需要，找到时代的话语方式，发现生活的关注焦点，获得精神世界的进入路径，拉近共产主义与个体心灵之间的距离，进而使共产主义理想信念呈现温柔可亲的一面，并将共产主义的思想力度和价值关怀有效阐释出来，如涓涓细流，沁人心脾，孕育生命之成长于无声。

但是，需要特别注意的是，主体性和个体化的阐释并不是对共产主义理想信念本质精神的取消，不是对近代以来衍生的西方个人主义的自觉遵守和对集体主义的有意取代，更不是以狭隘的"小我"来代替崇高"大我"的消解过程。总之，它不是从外在现实和内在境界展开的双重解构——既解构整体的、和谐的共同体建构方式，又取消这种共同体中具有超越性境界的"大我"。相反，对共产主义理想信念的主体性和个体化阐释逻辑的建构本质上是一种完善，这种完善是为了达到这样一种结果：共产主义的集体性、共同性，以及关于人的现实生存的真实性和精神世界的伟岸性等思想价值和精神追求，具有恒久的文明性。这种文明性不但不会被削弱，反而会通过这样一种阐释逻辑的建构，更为生动和鲜活地展现出来。呈现方式的变化并不是对内容本身的改变，而是拓宽了共产主义走近学生心灵、融入生命历程、提升个体实践品质、拔高人生境界和视野的路径，这种路径是一种弥补和完善。从一个宏观视角来看，这种变化实际上意味着共产主义理想信念教育在时代变迁中找到了自我的呈现方式和实现形式，找到了与个体水乳交融的可能逻辑方式。

更进一步讲，阐释方式的变革在更为本质的层面是为了自我超越性的获得、对自我本质的真正占有、对自己作为一种总体性存在的深度自觉，即对类存在的真正主动把握。生命总是充满了多种可能，它在一种相对宽松的无规定性和主体能动性中，逐渐走向了自我的确定性，这有时被人们称为成熟，或称为找到了真正的自我。但是，主体在时代形塑和自我选择的双重影响下，总会表现为一种生命实践和价值认知的总体趋向，这种趋向可能是消极的，也可能是积极的，可能是自觉的，也可能是盲目的，存在不同的建构方向和现实走向。人生有不同的展开方式，会面对不同的事实选择和价值导向，事实选择和价值导向之间的张力关系最终会造成主体可能的现实状态和人生的具体场景。

共产主义理想信念教育所拓展的主体性阐释逻辑，通过贴近个体、贴近生活、贴近内心的方式来教育人，切入人们的生活关注和价值需求，获得对人生实践的话语权。共产主义理想信念教育是有原则的，不是要迎合个体娱乐化、感性化，甚至庸俗化的生活追求，也不是要纵容释放个体内心的物质欲望，满足肤浅快感，更不是以亲近人和讨好人为目的。实际上，理想信念教育的扭曲的主体化的进入路径，带来的并不是真正的主体获得和升华，而是将主体退化为一种消极狭隘的个人主义。这种个体性实际上是剥离了人文精神的极端个人主义，将生命及其教育引向了较低的层次，由此造成的人生状态往往是物质化、异化和空虚化，造成的群体状态则是冲突、冷漠和涣散。对共产主义理想信念教育的主体化阐释路径不是要建构一种肤浅的个人主义，而是要将主体引向另一个方向，引向共产主义的价值超越性的一维。这种贴近个体、贴近生活和内心的教育方式，是对个体生活的深度关怀和对生命存在的高度尊重，引导进入一种事实性分析和反思性实践。以学生自己的生活、学习、实践为着眼点，深度挖掘个体作为人之存在的生命力量，反观主体所被支撑起来的时代背景，自觉把握个体与时代的内生关系，自觉意识人作为社会关系总和的存在方式。把主体生命引向深邃而非肤浅、超越而非狭隘、反思而非直觉、自主而非异化的建构方向。这种对主体的观照、培育与重构，在把主体生命伟力揭示出来的同时，实质上是引向了一种共产主义的精神境界和实践向度，主体的成长与共产主义理想信念的孕育是内在契合的。

这种通过主体性阐释逻辑的构建，将个体引向更大的自我存在境界的过程，实际上是在更深远和更广阔的视野中把握主体生命的真实方向。个体生命不是孤立隔绝的原子，不能置于狭隘境地和局限存在（这既有违事实，也与生命的高贵和人作为人的本质不符），而是要走向伟大与超越，这种伟大是生命的坚韧、深刻、包容与向上，是生命向群体存在的本真诉求、高阔境界和不朽价值。人不会只是孤立个体意义上的存在，人一辈子也不只是为自己而活，总会有一些关心的人和事，有一份担心和牵挂，在最朴实的意义上，个体的生命内含着别人的存在。

因此，共产主义的超越性价值追求是契合了生命实践的超越性存在的。主体性阐释逻辑虽然借助的是个体化实践，但不是构建个人主义，而是在捕获主体价值认识和实践特点的基础上，对人生的一种超越性引导和建构。这种超越性引导和建构既表现在超越个体自我的群体性、社会性存在，又表现在超越有限自我（动物性和脆弱性）的生命尊严，反映了主体自觉地与超出个体的全体世界保持一种功能性关系和客观性存在的同时，更跳出这种具体性和客观性及自身的有限性，而获得的一种境界追求。

第三节　在人生观照中笃定共产主义理想信念

大学生在日常校园生活以及以后漫长的人生经历中，会面对各种境况，做出各种选择。这些选择都不是他们作为旁观者，以淡然洒脱甚至是无关痛痒的姿态做出的，而往往是反复权衡后，以莫大的勇气和决心做出的，特别是在人生的紧要关头和极致境遇中选择的做出会更为慎重。人在本质上并不是生活的看客，而是深陷其中的实践者、经历者、感受者，需要人激发、释放内在的力量，孕育沉淀出坚韧的品质，做一个内心有信仰，生活有理想，行动有方向的超越者。

一　胸怀理想，境界高远

胸怀理想，境界高远，在根本上要辩证处理人生展开方式的具体性（有限性）与存在方式的超越性（境界性）之间的关系。

每个人总是生活在特定的时空关系、社会关系之中，寓于特定身体器官的活生生的肉体之中，人们的生活在这些特有的物质形态和要素关系中呈现为真实的、确定的样子，呈现为一个实实在在的，能够与外在经验世界发生感性对象性统一的客观存在，不以人的意志为转移。人生在最基本的意义上之所以说是现实的、实践的、具体的，重要原因在于，虽然从整体上看，大千世界蕴含着丰富的规律和无尽的知识，人类社会包含着纷繁的构成因素和多样的生成关系，个体人生则面临着多重的道路规划和人生选择。但是，无论这种复杂性与多样性带给个体人生多少的可能，当这些可能呈现为真实的自我，变现为当前的人生的时候，人生总是具体的，在此时此刻具有确定的唯一性。这种人生展开样态，它唯一地属于你自己，成为你自己，构成你自己的当下。世界固然宏大高阔，人的一生固然绵长丰富，但这种宏大与丰富并不以全部形态在当下表现出来，这种宏大与丰富固然在逻辑上会表现为人生的多种可能与万千走向，但这多种可能与万千走向一旦从潜能向现实转化，就会成为一种具体的存在样态，一种在此时此刻确定不移的独特展开方式，具体性是人生展开自我的基本方式。

人生在总体上面对着世界和社会无尽的可能，当这无尽的可能真实地实现出来、展现开来的时候，就会转变为具体的，而且这种具体往往是有限的。由于人们在每一个当下，总是具体地与自然、社会和自我发生着各种实践关系（这种具体既包括外感官，也包括内感官），总是具体地处于特定的生活境遇和现实关系之中，并在这种特定的处境中进行思考和回应，在事实和价值（知识和意义）的双重层面完成对具体生活的构建。这种具体性所带来的有限性，是人们在现实地获得自我展开的过程中，不得不面对的人生境遇。具体性使人们获得了现实的、确定的存在（它是人们获得确定存在，存在为当下的方式），在无限中获得了一个稳定的支点和中心，获得了自我的载体和显现自我的契机。但同时，从具体现实的层面看，这种现实的、确定的存在在获得当下形式的时候，又极大地限制了自我的延展性。无论这种延展性在未来如何发展，而在时间序列的每一个当下，在人生不同阶段的每一个这样的当下，都是一个有限的存在，它在形成自我的同时，也与潜在的许多可能性（非我）划开了界限。人生固然是以一种具体性展开的，这是活生生的主体在每个当下将自己转变为一个真实存在的途径，获得确定自我的方式。但是，在根本意义上，这只是人生的一种展开方式（展开为具体现实的方式），而不是人生的存在方式。

具体的展开给予我们可观、可感、可实践、可具体思考的形式，而不至于跳出人生本身来感受和思考生活，否则只是抽象的和脱离实际的。但这种给予并不意味着人们要局限于有限性之中，甚至在有限性之中失去自我，失去对现实和人生的掌控力度。许多人在具体的人生追求中，在为了实现自我的奋斗历程中，常常将实现自我变成了一个失去自我的过程，实现自我和失去自我变成了同一条道路，获得自我与自我异化深度融合。具体的展开给了感性极大的真实感和刺激感，而当这种真实感和刺激感被引向纯粹的利益追求和物质向往，并且在这种追求与向往中毫无限制地释放内心的精神力量、规训自己的主观意识的时候，我们当下的整个生命活动和人生思考就会被锁定在物欲与权利的追求中，极尽所能地将它们据为己有，变成自己的所属物。当我们为了这种刺激感和心理满足感，纯粹为了追求而追求，为了拥有而拥有——拥有的越多越感到快乐，而完全不顾这种拥有对于自我实现的用处，以及这种拥有对于主体性的意义的时候，我们在追求中就逐渐迷失了自我，迷失了内心的最初期盼和初心。这个过程原本是一个实现自我、努力奋斗的过程，却在努力追求外在成功的时候，将追求变成了人生唯一的事情，最终生命呈现为无数次的交换，权利交换越来越多，而生命的能量变得越来越少，境界变得越来越低。

在共产主义理想信念教学中，需要对人生展开方式的具体性以及对这种具体性中的现实追求，进行深入引导，培养认知判断能力，提升视野，并对这种展开方式与人之实现关系进行清晰阐释，科学理解具体性与超越性之间的辩证关系。人的感性存在与具体事物的获得方式密切相关，现实性往往表现为具体性，它是基于感性的人的生命活动所形成的特定状态。在自然和社会中，感性的人的活动总是与具体的事情发生着关系，而这种具体的实践既可以向积极方向发展，也可以向消极方向发展，这种方向性定位需要大学生在人生实践和生命体悟中把握。同时，这种具体性既是人生的展开方式，也孕育着人生超越性的条件。自由自觉的实践，本身可以阐释为一种超越性和创造性，超越于当前的有限性和局限性，获得更高层次的实践，在根本上追求更好的生活，追求自我的全面而自由的实现，超越性构成了人的本质的一维。每一种实践都应该是自我实现的过程，而不是自我异化，最终，每一种实践都是对前一种的超越，当下的自我是对之前的自我的超越，在超越中丰富起来，饱满起来，遇见最好的自己。这种超越性既有真实性，又能在每一步的积累中变得更全面、更开阔和更自由。这种超越过程既包含资源的获得与积累，也包含心灵的历练与思考，更包括意义世界的建立等诸多人生方面。人类总是有一种总体性存在的冲动，但这种总体性存在的冲动在本真意义上并不是一种人生展开方式，而是一种生命存在的境界，是通过具体的人生展开方式获得的一种生命存在境界。在有限性中获得超越性，超越生命的具体形态，获得总体性。并且，人的具体性和有限性的展开方式有多种，如个体力量的有限性、人生展开方式的具体性、人在自然规律和社会规律中可能的被动以及人的理性认知的有限性等。在有限中超越，达到无限，需要根据不同的有限构建不同的超越方式。

二　天人合一，万物共生

马克思在《1844年经济学哲学手稿》中指出，共产主义"作为完成了的自然主义，等于人道主义，而作为完成了的人道主义，等于自然主义，它是人和自然界之间、人和人之间矛盾的真正解决，是存在和本质、对象化和自我确证、自由和必然、个体和类之间的斗争的真正解决"[①]。人类总是生活在现实世界和客观规律之中，生活在存在与本质、对象化和自我确证、自由和必然、个体和类的复杂关系之中，在这些复杂关系辩证有机地得到统一之前，这些关系往往是充满矛盾的。人与外在世界和客观规律之间存在张力关系，这种张力关系在真正得到化解之前，常常会产生本质性的影响。这种二元张力会给人带来直接的内心不适，继而引起外在行动的矛盾，既无法理性认识世界，也无法科学开展实践，更难以沉淀生命境界。如果总是寓于"小我"之

---

① 《马克思恩格斯文集》第1卷，人民出版社，2009，第185页。

中，处在自我有限的束缚和短浅的利益中而无法自拔，升华不出"大我"的境界，那么，这种二元对立始终也达不到统一，融汇不出一元的开阔与自由，更难以消除人生的诸多欲望与痛苦，成就不了恢宏的事业。人类的诸种情感纠结、生活的诸种痛苦疑惑，都曾被思想史上的学者大家深度探讨，出现在他们留给后世的思想典籍之中。无论是烦躁还是迷惑，心在物的世界无法获得宁静，就难以出入于物的差异性，超脱出一种理性认知。但是，这种出入与超脱并不是脱离马克思主义的现实性，不是精神的某种孤芳自赏，停留于主观的自洽性构建，而是基于客观现实和万物规律的一种睿智与觉悟，是在能动性基础上的转识成智的过程。

从"小我"的个人主义视角出发的生命，到处面对的是陌生的世界，这是西方偏狭自我的结果。而当胸有大格局，心有大境界，有更大的事业追求和行动，而不是工作生养时，它所拥有的潜在自我在形成现实自我，并在宏大范围内与世界建立诸种关系的过程中，稳定为具体存在的，往往是一个开阔深远的熟悉世界。更广阔的事物和关系汇聚到人生的中心点，构成了饱满生活的一部分，扩充、澄明自我的内心，心也变得更大，大到可以容纳整个世界。世界万物在表象上是流动的、陌生的，实质却是深度关联的，这种关联是一种客观性。事业做得越大，影响的人就越多，追求的目标与达到的水平就越高，构建的联系也就越宽广深入，进而在流动的世界中就越具有稳定的关系。当一个人一无所有的时候，他并不与周围发生密切的关系，因为他所汇集的资源、人员和情感都极其有限。他与周围的关系并非一种事业关系，也并非一种极致和大格局的关系。

人总是世界和他人的一部分，在世界之中才会成为某一个存在，成为他人的某一种关系；世界和他人也是自我的一部分，自我总是将世界和他人纳入并解读到自己的生活和人生之中。这种相互依赖的关系既是现实物质性的、功能性的，也是内在精神性和心理性的。人生活在现实和客观性之中，首先需要尊重事实本真（人们所面对的对象）、遵循客观规律、顺应万物的本性。以物观物，可以明性，可以看清对象、承认差异、理性认知；以我（小我）观物，则物我全非，既难以看清对象，也难以理解自己，于差异中走向冲突与对抗。以物观物，性也，以我（小我）观物，情也。顺应事物的本性规律，而不掺杂个人的好恶，则情顺万物，自然而发，行云流水，逍遥自在。整个世界和自我变得通透明澈、和谐一致，进而上升为一种任我和无我的境界。人不仅生活在现实和客观性之中，而且生活在社会群体之中。个体的生命是有限的，在这有限的生命中，我们何以表明自己活过、来过这个世界，当我们离开的时候，是否有被人们记起和怀念的地方，有被人们尊重和谈起的方面。生命是有限的，但群体的事业是无限的，当个体把自我的生命投射到群体的事业之中，展开为群体的生活的时候，个体就活在了千千万万人的生活和生命之中，因为这些事业成了生活的背景和人生展开的轨迹。个体有限的生命在群体事业的延绵中获得了升华，以另一种形式获得了存在。个体会消失，但事业会绵延。静心沉思，人这一生充满意义的缘故是什么？我们之所以觉得这一生值得、这生活值得，正是因为在人的社会性关系中，我们感到了自己的成功，感到了自己成功的价值，我们的成功影响、改变了身边的人，看到身边的人幸福，我们内心备感欣慰。离开这些关系，我们说成功，有意义吗？成功可以属于个体，但意义一定与群体相连。当我们成功的时候，最想让谁知道呢？人的本质既源于客观现实性，也源于群体，这是对人的本质的真正占有。

因此，天人合一，万物共生，从外在现实层面讲，是人的存在从潜能到现实的转化，立足现实，展开大我，这种格局的生成，是人的现实关系的汇集，既成就事业，也成就群体，更达到人与自然共生；从内在境界层面讲，是实现个人价值与社会价值的统一，沉浸自我，成就社会。超越小我的有限性，克制自我的主观性，丰富自我的实在性，成就大我的境界性，把世界更宽广地打开的同时，也能够更集中地收回来。

三　敢于奋斗，勇于坚守

理想信念既是对未来伟大目标和崇高理想的期待与追求，更是对当前实践的坚持和相信，不仅指向未来，也指向现在。习近平总书记指出："理想信念不是拿来说、拿来唱的，更不是用来装点门面的，只有见诸行动才有说服力。"① 真正坚守理想的人，一定是在坚守行动，真正坚守信念的人，一定会在实践中坚韧不拔。有的人在现实的诱惑和困境中迷失自我、失去理想与方向，随波逐流，最终失去了生命的方向和进取的热情；有的人则沉溺于遥远的空想和无法自拔的自我想象，逃避现实或罔顾事实，失去迈开步伐的勇气和能力。坚守理想信念要胸怀理想而脚踏实地，直面挑战而充满希望。"人类的美好理想，都不可能唾手可得，都离不开筚路蓝缕、手胼足胝的艰苦奋斗。"② 中华民族的伟大复兴以及共产主义的远大理想，都不是敲锣打鼓就能够实现的，"要历练宠辱不惊的心理素质，坚定百折不挠的进取意志"③。在这个漫长的过程中积累行动和力量，克服质变到来之前的焦躁和急迫，化解损耗初心的外来干扰和冲击，在实现目标的过程中警惕丧失目标。

一方面，要敢于奋斗，要将生命的内在力量激发、释放出来。生命力构成了人之存在的直接前提和基本准备，生命力是一种综合性的力量，既包括内含于人体之中的体力、精力，也包括

① 习近平：《在党的十九届一中全会上的讲话》，《求是》2018 年第 1 期。
② 《习近平谈治国理政》第 1 卷，外文出版社，2018，第 52 页。
③ 《习近平谈治国理政》第 1 卷，外文出版社，2018，第 54 页。

情感、意志等各种形式的精神性力量，两者共同构成了一个人主体性的存在。生命力是一种巨大的力量，当它转化为对象性的实践活动的时候，就成为人化自然的内在动力。当这种力量以主体重获自我的方式对象化时，它就体现为人的本质的积极力量，能够促进人道主义和自然主义的内外统一，能够实现财富的主体性、社会关系的自由联合。无数高雅的文化艺术和多样化的思想文化，体现了人类对这种生存和实现的自我认知，这是生命力自我创造和调节的结果。而当这种力量被扭曲时，生命力就会以一种与自身相对的力量，以客观化的方式呈现出来，给主体以巨大的压力，使主体依附于这样一种力量。这时，实践就蜕变为一件需要忍受的事情，它常常让人觉得枯燥乏味、空虚单一，令人缺乏兴致，仿佛是外在于生命的一件事，是需要被迫去完成的负担，让人抗拒。面对劳功（工作），人甚至常常感到紧张、焦虑、压力，感到极度疲倦、力不从心，有一种耗竭感和怠慢感，麻木地跟随着日常工作的时间节奏。此时，劳动（工作）仅仅是生活中很小的一部分，人们普遍将劳动作为一种谋生的手段，并作为既定事实来看待，赚取物质资料，养活自己的身体。这种劳动并没有表征某种升华了的生命形式，似乎与个体生命的真实情感、想法和期待是相悖的，只是不得已而需要做的一件事，与生命的创造没有直接关系。这时的劳动实践并未获得其本真内涵，并不能带来快乐、激情和自我实现，也不能催人进取、获得更大的意义，逃离这种劳动实践反而成了人们普遍的渴望，逃离工作成为不同人共同的内心想法。所以，只有将内在的生命力量、主体力量真正激发出来，释放到行动之中，才能迈开奋斗的首要步伐。

另一方面，要笃定。笃定意味着坚持，有毅力，能够承受，不放弃，是一种坚韧的品质。内心笃定能够为我们提供一种精神力量，这种精神力量往往以信仰、信念的形式出现，执着地相信某一件事，具有坚毅的品质。这种力量越是在困难的时候越会显现出来，而挑战越巨大，信仰所释放的力量就越强烈。但是，如果不实实在在地进入实践过程，不展开一种人生奋斗历程，就很难有机会达到这样一种极致的状态，并很难在这种极致中激发和体认到生命内在的坚韧。人生的奋斗历程不会总是一帆风顺，当可能性转化为现实性、具体地存在的时候，人们总会面临各种各样的难题和挑战。特别是当我们期望人生有更高的追求和目标，不甘于平庸与无为时，我们面临的挑战将会更大。我们能在多大程度上面对挑战和化解压力，决定了我们能取得多大的成就，达到怎样的高度。"理想信念是共产党人精神上的'钙'，理想信念坚定，骨头就硬；没有理想信念，或理想信念不坚定，精神上就会'缺钙'，就会得'软骨病'。"[1] 只要内心有信仰，就会产生巨大的力量，一个人的身体在现实中可能会因压制而弯曲，但一个人的精神却会因信仰而生出反制的力量。精神世界不坍塌，生活就充满阳光，精神信仰不倒塌，任何困难都能面对。

因此，理想信念既是对理想的坚守也是对实践的坚持，在这个过程中，青年学生既要不忘初心、牢记使命，保持宏大胸怀和高远境界，也要脚踏实地、砥砺前行，在实践中向着伟大目标步步前行，理解和体认现实过程的生命实践意义和内在行动力量。"道不可坐论，德不能空谈。"[2] 立足现实与胸怀理想的辩证统一性，需深深嵌入、内化为人的实践活动之中，这种品格和精神正是本真生命的呈现形式和展开样态。

---

① 《习近平谈治国理政》第 1 卷，外文出版社，2018，第 414 页。
② 《习近平谈治国理政》第 1 卷，外文出版社，2018，第 173 页。

第五章

共产主义理想信念教育的实践支撑

加强共产主义理想信念教育，不仅要建构一种理论逻辑，拓展一种阐释方式，通过理论说明来达到理性认知和情感认同的目的，同时也应该加深实践切入，用经济社会的事实性进步来论证共产主义道路的科学性、正确性，凸显共产主义的现实感和在场性，使共产主义有足够的力量回应时代变迁，激活时代生命力，在现实证实中增强理想信念。理想信念只有在不断地证实中，才会更加坚定，特别是共产主义这种关涉人类社会和国家前途的宏大理想，更应该在整体上从社会发展的步伐和道路中，将正在发生的实践选择以理论化的方式阐释出来，进行事实性的说明，揭示共产主义在现实中逐步实现的内在逻辑。现实性的切入方式并不依赖空洞的自我理论论证，而是要真实地发现那些实践难题，并且始终对新时代社会发展的新成就保持敏感和理论自觉。

第一节　共产主义的现实指向与展开方式

共产主义理想信念具有深刻的现实性，有改变现实和社会的强烈诉求，是一种实践的理论和思想武器。这种现实性既表现在理论上的实践自觉——内在地具有变革现实的实践要求，将这种强烈的向外进取的能动性，智慧地转化为现实的客观性而非主观的激进冲动，并通过社会群体的合力来最终推动实现；也表现为对近代以来中国革命过程和社会发展过程的融入性主导，在西方资本主义发展的背景下，以全面发展和有序发展，超越西方的发展局限性和文明局限性，以更大实践纵深和实践智慧引向未来共产主义社会。

一　向外进取的实践品质

共产主义具有一种人类解放的价值关怀，形成了科学的思想路径和理论形式，同时，这种理论形式所承载的价值关怀，最终突出地表现为一种向外实践的导向性，一种向外进取的实践品质。这种向外进取的实践品质集中表现在三个层面：变革现实的要求、遵从客观性的能动性以及对群体力量的整合。这三个层面共同铺开实际进入现实的科学实践道路。

首先，变革现实的要求。共产主义是人们内心的追求与表达，具有深刻的人文精神和主体关怀，与个体的人生境遇紧密相连，成为苦难年代点燃希望和改变命运的价值信仰。这种价值信仰关注到人生存在的超个体现实，将对个体生存境遇的人文关怀引向了更为宏大的社会性现实，集中地表现为一种人类解放的社会理想。其最为本质的特点是要变成现实，通过实践以获得现实力量，来支撑主体的美好生活和自我实现，并最终以这样一种社会整体性的改变呈现出来。它不是停留于思想和理论形态的价值期许和道德幻相，不是向内开拓的自我解救之路，抛开了浪漫主义和人道主义的想象，而是以现实的态度，以亲历者而非旁观者的姿态，真切地关注人类疾苦和生活灾难，观照现实性的、社会性的人之生存境遇的实际改变。自马克思主义传入中国，共产主义的社会理想就表现出这种变革现实的价值期待和实践诉求。以社会主义和共产主义为奋斗目标，先后进行政治革命，反对帝国主义、封建军阀等割据势力，实现了近代国家的重构与整合，为共产主义的进一步发展提供政治保障；经历社会主义建设时期及改革开放和社会主义现代化建设新时期，到现在的中国特色社会主义新时代，彰显了一种改变现实的行动力量，而且是通过改变整个大的社会现实来彻底实现微观个体命运的改变，构建了一条现实化的人生观照之路。因此，在本真的意义上，共产主义以一种外在的、现实的社会变革方式，来观照类的解放与个体的实现，将人类解放和个体生存提升到一个可以实践和期待的全新高度。

其次，遵从客观性的能动性。共产主义的这种向外进取的变革之路，是将内在价值转变为外在现实的过程，这个外化过程并不是外化为一种主观性，不是外化为一种无所束缚和率性而为，而是表现为基于客观现实的主体能动性。相比向内求索的境界超越，向外进取的实践变革对于改变社会和人生境遇更显力度以及更有实效，但这只是规定了一个总的方向，还要具体考察内在价值是以怎样的一种方式外化出来的。内在期望越是热切，主观的冲动越是强烈，就越有可能造成一种不顾客观规律和自然逻辑的激进行为。因此，越是热切的期望，越是强烈的冲动，就越需要得到一种现实性的束缚和指导，越需要遵从客观规律，在客观规律的进程中把它释放出来，推动客观进程的发展。否则，当内在期望强烈而急切地外化为现实，并被主观地外化为一种想当然时，这种内在期望的力度就会急剧减弱，甚至会因一厢情愿造成严重的后果。特别是像共产主义这种关涉社会整体建构的理想，如果被外化成一种主观性，那么造成的危害就更大，可能是全社会的。诚然，我们无法否认内在期望的美好性，就如同我们无法否认共产主义的美好期待一样，但这种期待在引向现实的过程中，需要认清客观现实和遵从客观规律，具有客观性。近代以来，中国被卷入了世界历史的进程中，落后挨打的屈辱经历使国家和人民有一种迅速摆脱落后面貌的急切感，国家实践需要将这种强烈的美好期待转化为一种寓于客观历史进程的精神动力和实践力量，在执着坚守中，自然而然地把这种对美好价值的追求充分释放出来，促进现实的改变。

最后，对群体力量的整合。共产主义向外进取之所以能够获得力量，一个重要原因是对群体力量的整合和利用，依赖群体的力量来实现解放和促进发展。共产主义借助群体的力量克服了个体力量的有限性，制约了个体主义不受限制的人性弱点，凸显了崇高理想之中包含的现实主义的智慧和力度。在某种意义上，主体的潜能是无穷的，昭示了人相比于动物的创造性和可能性，但同时也要看到，主体作为个体时，总表现为一种有限性，特别是当面临大型的、整体性的社会变革的时候，这种有限性就更加明显。个体单凭一己之力难以改变整个社会的结构，个体有时甚至会被淹没在某种急需变革的结构中。共产主义相较于资本主义而言，是一种持续的总体性的社会转变，这种转变往往需要整合全社会的力量，形成一种趋向性的合力，共同来完成宏大任务，如以阶级斗争为形式的政治变革，以国家和国有企业为中轴的约束资本、保护社会的工业化、现代化之路，等等。在发挥个体能动性、克服个体滑向西方近现代以来的个人主义的泥潭、扭转一切人对一切人战争的社会逻辑的过程中，共产主义以一种现实任务所能容纳的方式，释放个体结合为群体的无穷力量，并且充分考察这种结合的真正人文逻辑。

二　全面总体的发展方式

宏观扫描新中国成立之初到新时代这一发展历程，可以看到这一发展历程凸显了一种全面总体的发展方式。在充分占有这一历史时期奋斗成果的基础上，新的奋斗目标在党的十九大报告中被郑重地表述为"开启全面建设社会主义现代化国家新征程"①。特别是"在基本实现现代化的基础上，再奋斗十五年，把我国建成富强民主文明和谐美丽的社会主义现代化强国。到那时，我国物质文明、政治文明、精神文明、社会文明、生态文明将全面提升"②。共产主义社会的总体性变革在当代的实现形式，表现为一种全面总体的发展逻辑和时代格局，在中国共产党的领导下持续地推进经济、政治、文化、社会及生态等的全面发展，有别于西方过度偏重经济现代化一维发展的模式和单向度社会建构的逻辑。

政治层面。实现共产主义远大目标，首先要在政治上争取发展条件和保障发展成果。中国共产党在历史浪潮的众多政治力量中，作为时代主导者被推到历史前台，凸显了它在混乱和失序的中国近现代社会中，所具有的整合力量和实践智慧。在现代国家的整合与重构过程中，完成了中华人民共和国新政权的架构，提供了社会主义、共产主义继续前行的基础。

新的政权结构建立起来后，政治文明的进程仍在持续推进，突出地表现为对现代法治的辩证认识和智慧运用。政治建设推进法治建设，使权力不是按照人情世故，而是按照事实本身的原则来运行，以规范权力的运用。通过制度化、法治化的理性原则和实践方式来推进政治秩序的建构，把权力关在制度的笼子里，使权力为公，摆脱情感关系等偶然因素对权力的滥用。规范公共权力运作，将事件处理纳入程序化、规范化的进程中，降低模糊、冲突拖拉与不确定性，进而保护多元化利益主体的合法权益。同时，在进行制度化和法治化建设的过程中，防范权力规范过程中的科层官僚主义的沉积，以及政治理想和信念的弱化所导致的理想高远的政治家蜕变为利益争斗的政客，法治程序变为消极怠

---

① 《习近平谈治国理政》第3卷，外文出版社，2020，第22页。
② 《习近平谈治国理政》第3卷，外文出版社，2020，第23页。

工。如果主体政治价值、精神和境界缺失，没有苍生精神、民生关怀和远大社会理想，不能站在宏观的高度、辩证地审视国民利益的实践发展和制度变迁，就很难以主体的能动性和洞察力辅助制度调整和法治构建，制度和法治的适应性及容纳性发展就会受到制约。

在此，利用儒家政治文明的积极因子，促进现代政治文明的重构具有积极意义。儒家认为，社会治乱的根源不在法而在人（法也重要），强调对人的道德品格的修炼和养成，修身齐家治国平天下。修身成为人生经历和事业奋斗的首要前提，共产党员、公职人员要追求道德的境界，行为要符合礼乐的规范，在其位就要有其精神，谋其事业。传统的礼乐之治在很大程度上就是治人，关心人、培养人、教育人，使人有胸怀、有境界、有信仰、有品格、有远大追求。从主体内在生命力的高度挖掘人性光辉灿烂的一面，并使其尽量充分地发挥出来，激发主体能动性，成为政治事业的不竭动力和活水源头。这正是习近平总书记强调要有理想信念，特别是共产党员、公职人员要有理想信念的深刻内涵之一。从而，最终在法治建设的道路上，克服西方现代化政治理论的局限（克服西方发端于君主制和市民社会背景的民主和自由政治弊端），形成党的领导、依法治国与人民当家做主有机统一的政治制度。

经济层面。经济层面的推进表现为对生产力的不断发展和释放，以及在分配领域的不断完善。生产力的发展主要体现在对现代经济的启动上，现代经济相较于传统农业经济，具有集中性特点，资金量大，起步条件高，特别是重工业，更是如此。如何获得资金并引导资本实现现代经济启动和持续发展，困扰着新中国成立以来的经济实践。新中国成立后到三大改造完成前，有试图通过市场化道路积累资金，而造成投机和通货膨胀的摸索实践；三大改造后，出现过渐趋形成的高度集中的计划经济，排斥资本

和市场的摸索实践；最后，在长期的经济探索中，逐渐形成了有
为政府与有效市场共同作用双驱动经济现代化模式，释放生产
力，为共产主义积累物质条件。分配领域则在突出效率的前提
下，通过第二次、第三次分配，调节收入，通过社会公共服务和
体制机制建设，缩小经济收入差距，激发劳动积极性和创造性，
增强市场购买力，在出口和投资之外，培育消费能力，为经济发
展提供持续推动力。

文化层面。文化创新发展，以马克思主义文化为指导，挖掘
西方优秀文化和中国传统文化的积极因子，将三者有机结合起
来，实现本土化创新。从社会文明的理想性和人的自我实现高度
看，现代化本质上是要推动人的自由全面发展，而自由全面发展
又具有双重性。西方现代文明极大地释放了人的物质积极性，但
这种释放同时也将人的存在束缚在了物质尺度和动物性之中。而
韦伯所阐释的西方精神被现代化的同时，仍然是一种上帝精神，
最终造成了把内心交给上帝、把身体交给物质的现代化局面，导
致实践和精神的双重失落。人的本质既是"自由的自觉的活动"，
又是"感性对象性"的行动表达，具有内在的生命力度和外在的
实践强度。这种双重自由和解放，使人能够沉浸并超越自我的客
观性存在和具体性展开，进而于有限性中沉淀出总体性生命境
界，本质上是一种"作为完成了的自然主义，等于人道主义"①。
中国式现代化新道路除从政治、经济、文化、社会、生态不同领
域拓展人的自由全面发展的社会形式和实践方式外，还特别强调
人的劳动精神和价值信仰，以劳动为抓手拓宽人的生命自由。劳
动精神是一种大业精神，是实践中的生命境界和生命格局。人的
自由本质（双重性）并不是原本就寓于内心而被直接占有的一种
主观性，而是通过劳动，外化为一种对象性之后，面向主体回归

---

① 《马克思恩格斯文集》第 1 卷，人民出版社，2009，第 185 页。

的客观性和生命境界。劳动及劳动精神正是这样一个过程，把世界打开的同时也能够自由地收回来，展开世界与纳入世界，进而澄明自我，使得现实宽广和境界明澈成为一个完整过程，是"对象化和自我确证"的真正解决。

社会层面。中国传统社会是一个伦理型社会，整个政治秩序是建立在以"家"的亲情伦理和对这种伦理关系的社会比附基础之上的。父子、夫妻、朋友等亲疏远近、等差有别依次铺展，延伸出整个社会的伦理关系和政治秩序。人与人之间的权力使用和利益分配主要不是基于陌生化的制度和秩序，而是依赖于人情的距离和情感的浓度。依靠亲情伦理来处理利益关系，往往处理的是熟人之间的利益关系，破坏社会公正，且无法直接处理现代越来越陌生化、多元化的利益问题，即由于情感距离太远，而难以有效处理与自己不熟悉的陌生人之间的利益关系。现代社会的群体已经超出了狭小的地方范围，人口频繁流动且规模巨大，一个人常常在不同的地方生活，而随着一个城市陌生人口的增长，整个城市就演变成了一个陌生人的社会。陌生人社会中的利益关系和权利关系无法通过传统情感伦理来处理，这是现代化带给传统社会的巨大冲击和重构压力。要适应现代社会越来越陌生化、流动性的秩序建构，就需要通过法治来规范群己权限，规范交往中的行为边界和利益边界。法治建设是现代社会建设的核心内容之一，否则，公共权力和利益就成了圈子和关系之内的私有物，公共权力逐渐私有化、个人化，严重损害广大人民群众的情感和利益，常常会沉积成社会的冲突和不满，破坏社会建设。

生态层面。生态文明从一个更为宏大的层面考察了人与自然的和谐关系以及整合社会的有机可持续发展问题。西方近代化的本质是工业化，工业化在最初的相互竞争和资本逐利的过程中，表现为掠夺式的开发及严重的生产污染，给自然资源和生态环境带来了沉重的压力，这种压力在现代产业转移的过程中，越来越流向发展中国家。而现代人非生态的生活方式也带来了生态环境的负担，特别是现代社会以城市为主要生存空间，人口、交通、生产在地理范围的集中（甚至高密度排放和新陈代谢）降低了有限范围内自然的自净能力，相比于传统农业时代人类生存代谢地点的分散广袤格局，在形式上存在更大污染的可能。并且，我国展开的是一个超大型人口的工业化和现代化过程，这么多人口需要迈入现代化，客观上也带来了资源环境的巨大压力。因此，重构生产力理论，将生态环境纳入社会发展的目标中，以碳中和与碳达峰为抓手，构建生态文明社会。在这个过程中，经济与生态之间，实际上要走的是一个并联的发展模式，而非西方串联的现代化。这种现代化不是以时间为进程，先污染后治理、先发展再治理、先落后再先进的过程，而是发展与保护双管齐下，将生态保护内嵌于经济发展的生产力理论和实践中，构建生态文明，建设美丽中国。

因此，从根本上看，全面现代化可以从两个层面来理解：一是西方现代化主要是物质化（紧贴着农业文明走出来的形态），而全面现代化则是五位一体的现代化；二是西方现代化是串联的，工业化、城镇化、农业现代化、信息化等交替进行，前后两百余年，而我国的现代化是并联的，要全面发展（虽然产业转型、人口转移有其自身的过程和阶段，但可以有意识地缩短这个过程，尽快复兴起来）。但同时也要看到，现代化虽然除了经济现代化以外，还包括许多其他的方面，而其他方面的不断改善，都需要经济现代化的持续发展来推动，党的十九大提出："把我国建成富强民主文明和谐美丽的社会主义现代化强国。到那时，我国物质文明、政治文明、精神文明、社会文明、生态文明将全面提升。"① 国家发展社会进步除了富强，还有诸多维度，是全面

---

① 《习近平谈治国理政》第 3 卷，外文出版社，2020，第 23 页。

建设，实现五位一体建设目标。

三　主次协调的推进模式

近代以来的现代社会转型，逻辑上构成了共产主义实践的重要部分。而现代转型是中国历史上前所未有的大事件，从传统社会向现代社会转型遵循的基本线索是，在对抗民族危机的背景下，将对西方文明自身局限性的内在克服和对共产主义社会未来文明的实践推进统一起来。解构与重构现代化转型理论，转型与重构是本质统一的，从赶上时代到引领时代，构建人类文明新形态。那么，中国共产党是如何抓住整个转型过程，并从这个转型过程向共产主义社会铺展实践中的主要问题和内在逻辑的？

总体来看，西方列强入侵，给传统社会和国家政治造成了几乎覆灭性的冲击。民族危亡之际，民族独立、国家统一就成为共产主义实践的直接任务，这一任务的完成在随后历史的演进中，成为党在开放的条件下推动共产主义事业全面展开的基本保障。这是从历史背后浮现出来的、直接被给予的首要任务。政治革命之后，对政治文明的探索一直延伸到当前，从未停止，包括构建具有中国特色的社会主义政治制度以及现代化的国家治理体系，获得现代政治文明。而国家富强则是社会现代转型重塑进而引向共产主义社会的第二个时代任务，对国家整个经济体系和生产模式进行重构，以获得高度发达的物质文明，进而为社会其他领域的发展提供经济基础。因此，在向共产主义推进的历史过程中，时代面临的一个总任务就是民族独立和国家富强，占据了历史和现实的整个实践过程。这个总任务在不同的历史时期，又分解为不同的时代课题和实践任务。在每一个特别的历史阶段，隐藏在历史背后的高度复杂性，总会以某种直接的形式被呈现出来，而要理解这种复杂性，则要返回问题的实质和逻辑之中。

具体而言，从1840年鸦片战争到新中国成立，在这段历史中我们需要直接面对的中心任务就是民族独立和国家统一。民族独立和国家统一在本质上是对中国传统政治共同体在马克思主义意义上的现代重构，在现代框架下重新获得政治共同性，形成整合力、凝聚力和回应力。近代以来，各种政治力量纷纷登上历史舞台，提出自己的主张和行动方案，有洋务派、维新派、袁世凯政府、蒋介石政府等。在时代的巨浪淘沙中，每一股叱咤风云的政治力量都不容小觑，在一定程度上都具有其自身的时代性和客观性，并非可有可无。然而，经过近两百年的探索后，历史选择了中国共产党，中国共产党在危机中重建了中华民族的政治共同体，把中国人民组织起来、凝聚起来，形成了巨大的对外反击力。这内在的逻辑是什么？为什么其他政治力量没有完成这个时代课题？中国共产党在一穷二白情况下，完成了一个超大型社会的政治整合与重构。

在漫长、艰难和曲折的探索中，其他政治力量没能化解民族危机，实现民族独立和国家统一，它们也曾试图凝聚人心、整合社会力量，将涣散的国家组织起来，维护民族独立，只是它们所做的积极探索和尝试最终都归于失败。最根本的原因在于它们不能在现代社会转型的框架视域下，重构中国的政治共同体，或者说无法从马克思主义的国家理论和政党高度，审视政党建设与社会建设的内在关系（近代史表明，现代国家的重构越早、越强，发展就越快）。所谓不能在现代社会转型的框架视域下重构中国的政治共同体，是指这些政治力量主要是在传统的政治价值和利益关系下整合民众，希望以维持既得利益为底线，来维护国家结构和社会秩序，形成共识。而中国共产党的成立本身就是一个巨大的政治事件，它意味着政治逻辑的根本改变，意味着政党对国家和社会的重塑，也意味着使命型政党对共产主义远大目标的追求。中国共产党是一个具有广泛代表性的政党，这种广泛性承载了危难时期的民族期盼和国家利益。中国共产党的成员来自工人、农民、革命军人、知识分子等，代表了社会绝大多数人的根本利益，中国共产党关心人民的利益、保障人民的安全、实现人民的期望。中国共产党的本真内涵是"没有自己的利益"，所谓无产者，是超出小我之后的大我精神和无我境界，进而将民族利益和国家利益置于至高位置。只有将民族危机的解决纳入中国社会转型的整个大历史视野之内，纳入现代政治共同体重构的时代高度，并最终纳入共产主义的人民性和群众性之中，才能真正理解我国民族危机的内在根源、历史逻辑和化解之道。

第一个时代课题完成之后，紧接着而来的是第二个时代课题。随着中国逐渐开启具有现代意义的国民经济生产方式，进行了一定程度的工业积累和经济积累，并在改革开放的划时代政策转变下，以更深程度、更广延伸地接入现代世界经济体系，谋求更为深入的经济机制调整和改革创新。中国共产党随即面临第二个时代课题，就是如何智慧地掌控西方现代经济的文明性及其内在限度，自觉开创超越于西方狭义现代性的人类现代性，实现真正现代意义上的经济生产及其价值信仰，推动共产主义意义上的财富主体性、个体独立性和社会自由度的有机统一。

整体上看，西方现代经济的文明限度主要表现在两个方面：一是经济周期，二是贫富差距。在经济周期方面，资本主义经济每隔一段时间，就会自动地出现繁荣与萧条交替的局面，表现出一种内在的规律性。繁荣时期经济规模迅速扩张，要素资源充分流动，生产能力达到高点，社会信心空前高涨。而萧条时期经济则高度萎缩、生产停滞、失业严重，社会资源和商品浪费，普通大众生活难以为继，整个社会动荡不安。这种周期性的经济危机成为资本主义内在机理和运行方式的一部分，构成了其自身难以克服的自我规定性。周期性的经济危机的实质是，少部分人对大部分经济剩余的占有，使得社会中作为消费主体的大部分人无法形成实质的购买力，造成生产与消费的脱节，导致经济的不平衡发展，进而波及国民经济的整个环节和体系。与此同时，剩余积累对扩大再生产的推进，又不断地拉大这一差距，从而导致以市场为机制的商品生产和消费过程无法完成，商品不能实现交换价值，不能实现惊险的一跃。消费无力，最终无法刺激生产发展和创新，从而造成宏观和微观的一系列连锁反应。

在贫富差距方面，西方以市场为信仰的国家和社会建构模式，一方面压缩了政府的社会职能和公共服务范围，尽量将社会民生事务都纳入市场化的资本运作模式之中。有钱者得，无钱者舍，将政府的职权限定在有限的范围之内，以便于为资本和剩余价值的积累留下市场和空间。这实际上变相地弱化了政府调节经济收入差距和转移支付的能力，制约了政府的公共性，拓展了政府权力的私人性，让政府为资本化和市场化保驾护航，造成了社会的不公正。另一方面，西方现代市场经济逐渐形成的一个重要特征是，金融化（投机）现象越来越明显，财产和资本收益远远大于劳动所得。对普通大众说，单纯地依靠劳动常常难以致富，甚至越是劳动越是陷入贫困，劳动成为贫困的根源而不是致富的途径。而越是资本积累者，越能够通过资产获得更多的交换价值。纯粹的市场主义在配置资源中造成了贫者愈贫、富者愈富的局面，不断地生产出贫富的差距，而不是劳动致富。

改革开放以后，我国经济进一步现代转型与重构的核心任务是：一方面，要深度融入世界经济体系，合理借鉴西方的经济文明成果，利用西方数百年积累起来的文明要素，发展自身；另一方面，理性对待西方市场经济的自身局限性，真正实现我国经济从传统走向现代，超越西方的现代，实现更具高度和文明性的现代经济的转型，为共产主义的实现铺平道路，而不是寓于西方特殊的经济现代化框架中，偏离真正的经济现代化转向。在此基础上，党和国家对经济现代转型重塑的明确目标是建立中国特色社会主义市场经济制度。通过政府宏观调控和重点介入，支撑市场经济有序运转，使政治成为经济发展的内生变量，实现经济健康稳定发展。同时，积极调控贫富差距，实现共同富裕。在生产领域，保障财富获取的公平性，注重实体经济的发展，防止市场金融化形成的投机现象，提倡劳动精神和劳动致富，幸福都是奋斗出来的。调节区域发展的不平衡，特别是国家的脱贫攻坚工程，对缩小区域贫富差距具有重要意义。在分配领域，凸显通过公共权力的调节形成包括教育、医疗、社保等在内的更为公平合理的转移支付体系，使更多的老百姓有获得感。这个时代课题的实践特征是，坚持党和政府在现代经济发展中的主导性地位，通过各种政策——包括财政政策、货币政策以及法律制度，规范市场经济的运转，使其发挥巨大的效率的同时，保持社会公平，维护社会正义，从而促进社会稳定，实现社会主义、共产主义发展经济的本质目标。

总体来看，改革开放后中国社会转型发展的政治—经济逻辑，与前一阶段在某种程度上具有差异性。前一阶段国家社会面临的核心任务带有政治性，以政治为中心思考问题和组织实践特征明显。这不仅体现在最初的民族危机上，也体现在新中国成立之后的新生人民政权的安全和保护上。改革开放之后的转型，则以经济建设为中心，解放生产力，发展生产力，以建设中国特色社会主义市场经济为目标。政治的现代性转型发展是基于中国特色社会主义经济改革的现实，以中国特色社会主义经济建设为基本参考，并反思现代西方政治文明因子和中国传统政治价值，有智慧地提升运用。两者的区别是由中国共产党基于各个时代的总体性实践任务，精准把握，有效应对的自然呈现，凸显了在这样一场史无前例的对现代性的解构与重构过程中，即中国从传统社会向现代社会迈进并指向共产主义社会的实践过程中，发展任务的复杂性和层级性。这种复杂性和层级性并不是集中在某一时间节点同时开启和同步推进的，而是根据不同的时代任务和前后的基础条件，在一个跨度较大的时间段内逐步逐个或相携推进完成的，这也突出说明了以共产主义社会为远大理想实践过程的漫长和艰难。同时，我们也看到，这种不同又具有内在的统一性，这种统一性在于每个阶段从各自的时代重心出发，共同构成了一个前后相继的有机整体，缺少其中的任何一个环节，历史的延续性和发展的继承性就没有办法完成，更无法将整个转型发展在新时代继续推向崭新的时代高度。

第二节　共产主义的实践逻辑与道路自信

共产主义理想信念彰显了社会发展的文明高度和个体生命的境界韧性，是社会道路和个体拼搏的统一。然而，当前高校共产主义理想信念教育面临的核心问题之一是缺乏深度的现实感。学生难以直观鲜明地感受到共产主义的在场性和现实力量，难以将其真切充分地融入对国家的思考、对社会未来的构想和对个体的人生体悟之中。共产主义理想信念教育缺乏深度现实感和在场性的根本原因之一，是没有充分把握和有效阐释时代主题变迁及社会逻辑演进背后的共产主义思想因子，进而与时代缺乏内在的紧密联系。需要挖掘并从理论上说明实践背后的共产主义逻辑，用事实说明共产主义远大理想在当前的展现形式和实现程度，着力解决在实现共产主义道路上遇到的主要问题和疑惑症结，促进共产主义的时代在场感和说服力。

一　实践中的若干难题及解析

在共产主义理想信念教学过程中，若干关键表述和重大命题首先吸引了学生的注意力，成为他们的困惑的直接来源。马克思主义经典作家对共产主义进行的若干原则性展望，与现实实践存在的某些张力，成为共产主义理想信念教育中不可回避的难题。

大致有以下几个问题：私有财产与私有制问题、按需分配问题、劳动与自我实现问题、个体化社会与共同体问题。

（一）私有财产与私有制问题

马克思从所有制层面对共产主义的描述，集中表现在对私有制及其财产关系的论述上。"共产党人可以把自己的理论概括为一句话：消灭私有制。"①在学生的常识性观念中，社会主义以及未来的共产主义社会，就是要消灭私有制及其财产关系，实现生产资料公有制。消灭私有制及其财产关系是其直观、本质而主要的特征，是大家打开、进入、理解社会主义和共产主义的原则性规定。

然而，使学生感到困惑的是，在现实实践中，随着社会主义市场经济不断完善，多种经济成分也在迅猛发展，且越来越繁荣，私有财产在法律上也得到了保护。2004 年 3 月 14 日，第十届全国人民代表大会第二次会议通过了《中华人民共和国宪法修正案》，总纲第十三条首次明确规定："公民的合法的私有财产不受侵犯。国家依照法律规定保护公民的私有财产权和继承权。"②这与一些人的一般观念并不完全一致，私有财产并没有消灭。在新中国成立 70 多年，改革开放 40 多年后的今天，私有财产依然存在，"公民的合法的私有财产不受侵犯"③。如何理解这一现象？如何对这一事实进行理论上的阐释？并且，在教学交流中，同学们也普遍表现出对自己私有财产的渴望，期待自己的私有财产受到法律保护，不受侵犯。这种理论认知、现实发展与内心渴望之间复杂而不一致的关系，使大家对私有财产的理解产生了混乱，进而对社会主义和共产主义社会在这方面的期待和努力产生了疑惑。

---

① 《马克思恩格斯文集》第 2 卷，人民出版社，2009，第 45 页。
② 《中华人民共和国宪法》，人民出版社，2018，第 13 页。
③ 《中华人民共和国宪法》，人民出版社，2018，第 13 页。

　　那么，在马克思那里，关于消灭"私有制""私有财产"的准确表述究竟是怎样的？在《1844年经济学哲学手稿》中，马克思主要从哲学层面的异化劳动入手，探讨了共产主义与私有财产的关系，认为私有财产是"人的自我异化"，共产主义克服了这种异化，将共产主义定义为对私有财产的积极扬弃。在《德意志意识形态》和《共产党宣言》中，马克思恩格斯开始从历史唯物主义的视角，分析不同分工发展阶段的所有制形式，以实际物质生产过程和经济关系中的劳动分工及其异化来说明私有制和私有财产及其根源，进而指出："共产主义的特征并不是要废除一般的所有制，而是要废除资产阶级的所有制。"① "共产主义并不剥夺任何人占有社会产品的权力，它只剥夺利用这种占有去奴役他人劳动的权力。"② 共产主义试图剥夺的不是劳动的自我所有权，而是利用私人占有来剥削他人劳动的权力，消灭资产阶级剥削性质的私有制及其财产关系是其准确内涵。在《资本论》中，马克思则明确提出重建个人所有制的命题："这是否定的否定。这种否定不是重新建立私有制，而是在资本主义时代的成就的基础上，也就是说，在协作和对土地及靠劳动本身生产的生产资料的共同占有的基础上，重新建立个人所有制。"③ 因此，马克思批判私有财产及其权利的确切内涵在于，私有财产及其权利在群体经济活动中所形成的对他者利益和生存的压迫性存在，造成了严重的贫富差距和社会不平等。也就是说，马克思要消灭的私有财产及其权利是一种"阶级的所有制"，即一个人利用资本的、政治的非正义手段，来剥削另一个人，终结财产对立导致的人与人的对立，财产的压迫作为工具造成的人对人的压迫。劳动者通过自身劳动占有自己劳动产品的私有财产形式则是需要被保留的。通

① 《马克思恩格斯文集》第2卷，人民出版社，2009，第45页。
② 《马克思恩格斯文集》第2卷，人民出版社，2009，第47页。
③ 《马克思恩格斯文集》第5卷，人民出版社，2009，第874页。

过劳动的占有是一种非剥削性质的私有财产，保留这种私有财产，就保留了劳动的积极性。

共产主义及其实现在马克思时代更多的是一个理论问题，是一个批判反思和逻辑论证的问题，人类社会还处于资本主义的大发展时期，共产主义社会及其实践条件还不成熟。马克思主要是在理论上对共产主义社会进行了一些原则性的描述，共产主义社会还没有出现在当时的历史视野之中。在马克思之后，共产主义才越来越成为一个实践问题。共产主义在实践中如何展开，则需要考察社会经济的演变规律，以及这种演变规律所呈现出来的共产主义经济的实现方式。

一方面，马克思在《〈政治经济学批判〉序言》中指出："无论哪一个社会形态，在它所能容纳的全部生产力发挥出来以前，是决不会灭亡的；而新的更高的生产关系，在它的物质存在条件在旧社会的胎胞里成熟以前，是决不会出现的。"[1] 资本主义生产方式在一定程度上还有它的客观进步性，社会主义可以利用资本主义的生产力效率，促进自身的发展，并且通过社会主义的生产方式来约束缩短这种阵痛。

另一方面，在资本主义经济发展的前期，由于整个社会经济结构还相对简单、企业规模相对较小，分工处于发展中，经济的复杂性和延伸性没有现在强烈，经济生态链还没有深度的社会化。单个企业的经济活动，包括要素提供、生产经营、监督管理、转运销售等，往往能够被少量的人来单独组织管理完成。而这样少数的人一般来说就是生产资料的所有者，谁拥有生产资料的所有权，谁就有权决定组织生产、管理经营等相关的一系列生产活动和环节。这是一种单一制的权利，所有权内在地容纳产权，所有权主导产权，谁拥有生产资料的所有权，谁就拥有经济

---

① 《马克思恩格斯文集》第 2 卷，人民出版社，2009，第 592 页。

各环节的所有权益。而随着企业规模的扩大，现代交通和通信的发展以及股份制企业的形成（资本的内在冲动和外在压力，使其不断做大做强），由于经济的这种自身规律的演变，生产资料所有者已难以单独完成生产管理的整个经济活动。日益强化的经济复杂性、关联性使得社会化生产力要求找到它相应的实现形式，经济活动已超出单独的个人决定，而成为一种合作共同决策的行为。在这种现实背景下，经营权、监管权首先从所有权中分离出来，并不断地从所有权中分离出其他权利，如使用权、支配权、经营权、转让权等等。所有权不再成为唯一的具有决定性的单一制权利，整个经济活动而是由其他经济权利共同作用完成，经济发展所导致的权利变迁在理论上的表现形态就是现代产权制度的出现。

所有权的不断稀释和弱化以及现代产权制度的发展和创新表征了经济自我发展过程中的对私有制的渐进式否定，这种渐进式否定内含于经济发展的客观运行过程之中。这是一个实际的实践进程，而不是理论的直截了当。私有制的取消方式和进程需要被置于现实经济发展的本身历史过程之中，是一个历史发展过程，这个历史发展过程需要在经济运行的自身客观演变历程中一步步实现。经济运行到哪一步，私有制的取消方式和程度就会发展到哪一步。扬弃私有制的本真内涵是要在人类文明发展的过程中，抛弃把私有财产权利作为话语权和资格条件的利益获得方式，取消借助于私有财产权对他者形成的压迫性存在和剥夺性利益伤害，避免私有制造成贫富、不公和社会矛盾，而不是要消灭个人劳动的财产所有权。同时，在扬弃私有制的过程中，力求在公有制中实现对积极性和效率的沿承和保留，从以生产资料所有制绝对地获得财富向以不同劳动获得财富转变，推动经济的高效发展。

（二）按需分配问题

按需分配原本是绝大多数空想社会主义者所确立和主张的未来共产主义社会的分配原则，从柏拉图，到康帕内拉、莫尔、卡贝、德萨米以及布朗等思想家无不表达了这一思想。如莫尔说："每一户的户主来到仓库觅取他自己以及他的家人所需要的物资，领回本户，不付现金，无任何补偿。"① 欧文说："这种社会成员将通过简易、正常、健康合理的工作，生产出满足其消费欲望还有余的为数极多的剩余产品。因此可以让每个人都随便到公社的总仓库去领取他所要领取的任何物品。"② 按需分配作为一种文明性和正义性的期待，长久地孕育和潜伏在人类历史演进过程中。按需分配是共产主义社会的根本特征之一，是马克思从分配原则层面（经济范畴），对共产主义社会所做的基本判断和设想。马克思在《哥达纲领批判》中指出："在随着个人的全面发展，他们的生产力也增长起来，而集体财富的一切源泉都充分涌流之后，——只有在那个时候，才能完全超出资产阶级权利的狭隘眼界，社会才能在自己的旗帜上写上：各尽所能，按需分配！"③ 按需分配凸显了人类对经济分配原则文明性和正义性的渴望和期待，根据主体需要和自我实现，获得有差异的公正分配。

按需分配固然美好，但在共产主义理想信念教学过程中，学生对按需分配常常会产生两个疑问。第一个疑问是：就分配内容来讲，是否说想要什么就是什么，就能有什么？而对这个问题的肯定或否定回答都会带来困难。直观意义上，如果否定回答，对学生来讲，可能就意味着否定共产主义，而肯定回答，又与常识情况不符（既由于资源的稀缺性又由于欲望的无限性），不能强行回答。肯定回答与否定回答都会造成困难，前者与自身表述相

① 托马斯·莫尔：《乌托邦》，戴镏龄译，商务印书馆，2009，第61页。
② 罗伯特·欧文：《欧文选集》第1卷，柯象峰等译，商务印书馆，2009，第357页。
③ 《马克思恩格斯文集》第3卷，人民出版社，2009，第435~436页。

矛盾，后者与现实常识相矛盾，两方面共同反证共产主义的不可实现性。那么，这里我们需要明确的是，按需分配是否就是想要什么都可以，想要什么就有什么？对共产主义的这个概念理解是否准确？第二个疑问就是：作为分配原则来讲，按需分配的依据是什么？不劳动也能分配吗？需要就是分配的依据吗？作为社会成员的个体，只要产生了需要，就应该得到无条件的分配，这就毫无道理，在根本上如何实现分配正义，分配的正义究竟是什么？这里的实质是要问，或者共同关心的问题是，按需分配是否意味着可以不劳动。之所以会产生这样的疑问，有其现实指向。因为现实中，确实存在许多人不喜欢劳动，劳动感到痛苦，如果不劳动能够得到需要的东西，就欢喜无比，所以学生实质上关心的是这个问题。

对第一个疑问的解析。首先，从按需分配的个人实现层面看，这里的"需"不是"欲望"，而是全面实现自我的需要。虽然，个体的正常需要是有限的（现实需要），而由多个个体总和的群体需要看上去是无限的，这种无限性既包括需要的物品种类繁多，而且包括需要是否合理，健不健康的问题。但是，人们正常的需求在一定的时期，一定的环境下是具体的、明确的、有限的，而欲望则是无穷的。即使从极致性来看，物欲的动物性也是具体和有限的，但物欲的社会性建构却可能是无穷的。通常的情况是，一谈到按需分配，在进入大众化视野的过程中，常常会进行浪漫主义的和自我放纵式的畅想，这是偏离常识和理性来解读按需分配。根据马斯洛的需求层次理论①，作为人意义上的需求，是从物质到自我实现层次递进的，第一层次满足会引起高一层次需要的凸显，当正常物质得到满足后，更关注精神和自我实现需要。但有些不能作为人而存在的生物，却可能无法上升到高一层

---

① 马斯洛：《动机与人格》，许金声等译，中国人民大学出版社，2007，第18~30页。

次的需要，永远生活在物质和动物的尺度之中。并且，当这种动物性需要建构成一种社会性物欲的时候，就更是无限的。退一步讲，在物质匮乏年代，人们可能更关注物质需求，往往把它想象成无限的，但真正满足了物质需要之后，这种需要就没有想象的那么强烈，而是更加在意情感和精神需要，这也是当代人面临的问题之一。

其次，从按需分配的历史文化层面看，在不同的社会历史文化背景下，人们的"需要"有可能是很不一样的。例如，在古罗马共和国时期，观看斗兽场里的比赛成为人们的一种"合理需要"，因而国家为此兴建了规模宏大的观赛场所。又比如，意大利和西班牙这样天主教徒占 90% 以上的国家，礼拜日去教堂是人们的一种"合理需要"，因此几乎每个社区都要修建教堂。所以，只有在特定的历史文化背景之下，我们才有可能确定某一社会的"合理需要"是什么。一般而言，这些"需要"是在社会集体中被普遍公认的或不反对的，称之为"合理需要"。

最后，从按需分配的资源技术层面看，物品的稀缺与否，总是与社会发展时期一定的生产力水平相伴随的。古代生产力不发达的时候，铝制容器只能是皇家贵族的奢侈品，但现代却成为普通百姓的日用品。生产力发展使曾经的稀缺品变得不那么稀缺。稀缺在总体上虽然是一个绝对概念，人类的资源和物品总是有限的，但就具体时代具体个人的需求满足而言，它又是一个相对概念。随着生产力的发展，物品的稀缺性往往是分层级的，生产力最发达的层面，物品稀缺性最弱，最能满足人们生存发展和实现自我需要，而生产力最不发达的层面，物品则较为稀缺。因此，从具体时代和个体需要与生产力的关系而言，物品稀缺性只是相对的。并且，技术进步不仅在生产力层面不断突破资源稀缺性的底线，而且从现代化的信息收集、云计算和大数据等层面，越来越支撑按需分配的可能性推进。而如果一定要在这种稀缺性的前提下回答分配问题，按需分配就要在个人利益和公共善之间取得平衡。要有一种道德和政治上的善来保证，当个体利益与公共善在面对稀缺性而发生冲突的时候，需要确保公共善对个人利益的优先性。[①]

对第二个疑问的解析。按需分配并不是没有分配原则和依据，马克思说"各尽所能，按需分配"，"按需分配"一词前面还有"各尽所能"，各尽所能是需要的前提。各尽所能虽然为按需分配提供了一个大致的分配原则，但这里的劳动已经超出了作为按需分配依据的层面，超出了定义自身的层次。劳动本质上是一种创造，这种创造携带了自身的兴趣和价值意义。这里的劳动是从积极的意义上讲的，是具有劳动精神和实践创造性质的劳动，是人们兴趣的外化和生命实践力的表征，是人们追求一种事业、获得一种价值和人生意义的实践过程。劳动并不是外在于生命情感和意义建构的一种纯粹身体性的生物行为，而是融入了人的生命感受和意义创造的人生展开方式。"需"和"能"是彼此建构的，都是以自我实现为原则，而这种原则的前提是物质条件的丰富，人的精神文明的提高，道德水准的增强，自律和自我认识的提升等，实际上表达了人的进步性基础上的社会劳动和分配方式。同时，这种创造提升了整个社会财富的丰富性，为按需分配提供了保障，它是在积极进取的意义上支撑按需分配的。并且，按需分配的"需"同时也是以人的创造性和自我实现为内容的，反过来支撑人的各尽所能的实现。各尽所能、按需分配不仅仅是一个生存表述和经济表述，而在更高的层面上，是一种人生自我创造、自我实现和社会财富积累并相互促进和推动的表述。

（三）劳动与自我实现问题

人类对劳动的认知和理解走过了一个漫长的历史进程，并在

---

① 汪行福：《共产主义与正义：对罗尔斯和布坎南理论的批判与扩展》，《中国人民大学学报》2019 年第 3 期。

马克思这里经历了一个划时代的转变。劳动总是在特定的历史环境中获得具体的认知形式和价值评判，古希腊时期，劳动往往与肉体的需求和必然性联系在一起，与身体的欲望和动物性紧密相关，劳动之人是没有灵魂和自由的，他们只是服从身体必然性和动物性的支配。"劳动意味着被必然性所奴役，而这种奴役内在于人类生活条件中。"① 在严格的意义上，他们的生存劳动仅仅是维持在动物的层面。这与古希腊时期，社会中的劳动主要由俘虏而来的奴隶完成有很大关系。人们鄙视奴隶，贬低劳动，把人类劳动降格为动物性的活动。"奴隶的被应用于劳役同驯畜的差异是很小的；两者都只是以体力供应主人的日常需要。"② 高贵的人是不从事这种劳动的，表征着人的最高价值的自由和创造与劳动没有丝毫关系。

到了近现代，人类从一个静态的、不增长的农业社会，迅速转变为一个动态的、急速增长的工业社会，社会转型中的财富增长，给人们以巨大的震撼，重构了人们对劳动的认知。通过劳动创造出来的财富，超过了以往几个世纪的总和，劳动似乎是一种无穷的力量。劳动的这种巨大力量从而也获得了至高的时代性认可，劳动重新走入了人类认知的中心位置。然而，马克思则从这种财富的劳动生产中，分析出了现代性的内在矛盾和深层危机。现代社会的增长繁荣由现代劳动形式开启，而现代社会的问题同样由现代劳动形式触发，并引向深处。当代资本主义社会所发起和维持的劳动实践，在本质上是一种异化劳动。成为一种与人的生存相对抗的力量，劳动越是深入，对自我的取消越是强烈；劳动越是深入，越感受到人生和命运的不能自已；劳动越是持续，生命越不能实现自我。马克思的劳动理论具有现代性的批判特

---

① 汉娜·阿伦特：《人的境况》，王寅丽译，上海人民出版社，2017，第62页。
② 亚里士多德：《政治学》，吴寿彭译，商务印书馆，2009，第15页。

性，分析了人类劳动在现代性的组织方式中走向异化的内在逻辑
和巨大影响，并把这种批判引向一种可能性的重构方向。

　　共产主义社会是自由劳动的社会，并升华劳动的价值和意
义，"劳动已经不仅仅是谋生的手段，而且本身成了生活的第一
需要"①。本真上，劳动实践是人类获得生存条件和展开生存方式
的现实路径，是人们向外改造环境，投射主体力量和期待，获得
生存基础，进而向内获得自我本质，提升生命质量和体验的支
撑。劳动实践往往决定着一个人的生存境况，影响着一个社会的
文明发展方向。一方面，劳动实践总是带着主体的价值关怀改造
着外在于人们的自然社会环境，物质生产、制度结构和组织体系
等是人们满足自我需求和发展的对象性存在，是内在力量的外化
过程。正是有这样一种稳定的、人文性的物质环境结构，才为人
类提供了抵御风险、创造文明的巨大力量，从而克服了人类个体
的有限性和不稳定性，为个体的生存发展和自我实现提供基本保
障，扩大了人类现实存在的力度。另一方面，这种外在的生存环
境同时也是主体性的，是人的生命力获得丰富性的表征和确证，
是个体将自我融入这个世界的过程。人的实践活动，将客观化
的、对象性的外在于人的世界，转变为一个具有"家"的感受和
意义的人文化世界，世界不是冷冰冰的，而是充满了温暖情感和
意义感知，而成为自己的世界。这种人化的外部环境同时也成为
个体生命的生存前提，成为个体展开人生获得主观世界的规导性
力量，人生就是社会，社会就是人生。在获得知识性世界的同
时，也在此基础上形成了一个境界世界，劳动实践在将人生铺陈
展开的过程中，完成了心灵的外化和世界的内化这一双重转变
（而在资本主义社会，结果往往是心灵的外化退化为物化和异化，
创造了一个敌视人的外部环境，更无法完成世界的内化过程）。因

---

　　①　《马克思恩格斯文集》第 3 卷，人民出版社，2009，第 435 页。

此，劳动实践不仅向内探求本质力量的生成方式，而且向外探求社会环境的主体表现，在根本上具有本体论的意义，是人的存在逻辑。劳动实践构成了个体的存在方式和社会的运行方式，在本质上是一种创造新人和新世界的活动。

而劳动精神正是对这种思考和实践的表达，劳动过程不是一种奴隶般的被迫和身体必然性的。劳动不仅仅是具有工作的意义，在更广阔的层面，具有事业的意义，它既是一种物质生产实践，也是一种价值意义创造，这种物质生产实践和价值意义创造既可以是个人层面的人生追求，也可能是社会层面的发展推动。而无论是哪个层面，从主体角度看，都是对主体自我的规划、展开、实践和完成，是主体从物质世界和意义世界两个层面同时占有现实和自我的过程。如果没有对工作的这种生活观照和价值认同以及意义体验，工作只是变成了机器和程序的一部分，没有认识到工作的事业特性，那么人的自我培育的价值和情感又从哪里来呢？在工作中不仅得不到任何满足和启迪，以及自我形塑和理解，反而，工作变成了人之生活的负担，维系生存的工具。不理解工作，也不会理解生活，而不理解生活，工作也是一种痛苦。积极的劳动实践或者说劳动精神，本质上具有一种事业内涵，努力地干成一番事业，不辜负自己美好的一生，不辜负自己所生活的时代，积极进取，创造一份存在感和价值感，表明自己来过这个世界。在实践的过程中，把一件事始终向更大的方向、更开阔的方向去做，做到极致做到最高水准，不仅实现了自己的期望和理想，获得了一种成就感，获得他人和社会的认同和尊重，铸就一种人生高阔的价值境界。同时，在得到社会认可的同时，也会获得相应的资源支持，为更幸福的人生和更好的事业创造条件。这是一种事业心，更是一种现实的劳动精神或实践精神，事业及事业心是劳动精神的现实呈现和具体形式，同时也直接地与个人关联，是人生展开的丰富性、饱满度和开阔性的实践抓手和具体形式。

（四）个体化社会与共同性

西方近代世界的出现是伴随着个体性的不断增强一同呈现给世人的，这种增强充分表现在了滕尼斯对人类从共同体到社会的转变描述中。雅斯贝斯指出："从 16 世纪起，就有一根不间断的链条，伴随着世代的接续而一环接一环地将时代意识代代相传。这一连续的过程起始于对人的生活的有意识的世俗化。"① 这种具有革命性的时代主题的转变，将人们卷入了一个全新的生活世界之中，也深刻地影响着思想家们对现实变迁的思索和表达。齐格蒙特·鲍曼在《个体化社会》中指出："个体讲述他们的生活经历，是要努力创造或发现关于自身的逻辑，并把它们注入人际交往所使用的可以改变的符号之中。"② 这种个体化的特征在哲学上的理论表达则集中体现在主体哲学的构建——"现代世界是以主体性的自由为其原则的"③，这一原则经过笛卡尔开启的"我思故我在"的主体性转向后，通过康德的"哥白尼式革命"最终得以完成，并在黑格尔的"绝对精神"概念中得到了最为深入和逻辑化的阐释。同样，在政治领域则表现为政治民主、言论自由、个人权利等政治实践和政治成果的取得。不同的学科领域在面对巨大的划时代变革时，从不同的角度将这一事实刻画出来，勾勒了人类自近代社会以来所发生的前所未有的转变。而无论这种勾勒所呈现的是怎样的一种理论形态，在总体上都不约而同地反映了社会发展的个体化这一时代主题和现实境遇。

在现实进程中，这种个体化社会形成的逻辑起点，正是以"市民社会"为核心的资本主义市场经济和个人主义民主政治的逐渐兴起。市民社会的商业经济实践模式所带来的世俗化运动，

---

① 雅斯贝斯：《时代的精神状况》，王德峰译，上海译文出版社，2013，第 3 页。
② 齐格蒙特·鲍曼：《个体化社会》，范祥涛译，上海三联书店，2002，第 8~9 页。
③ 黑格尔：《法哲学原理》，范扬等译，商务印书馆，1961，第 291 页。

将人们的注意力投射到现实利益和此在生活的关注上，西方由此步入了一个全然不同于古代社会的现代性社会。马克思将现代性描述为一种商业性契约关系对传统宗法习俗的取代过程，"资产阶级在它已经取得了统治的地方把一切封建的、宗法的和田园诗般的关系都破坏了。它无情地斩断了把人们束缚于天然尊长的形形色色的封建羁绊"①。当人们逐渐从中世纪的宗教信仰和救赎意识中挣扎出来的时候，第一次发现现实的物质生产竟能够以如此巨大的能量形塑社会，这与中世纪人们对物质生产的无力感形成了鲜明的对比。经济利益的获得、现世生存的舒适、物质满足的丰富成为人们生活的中心，人们把主要的精力和时间都倾注到当前的利益得失之中和个人的生存成败之中。这造成了两重具有张力性关系的影响，人类在获得对自我更加清醒认识和有力肯定的同时，也更加把自身的生存维度推向纯粹的物质尺度。世间一切共同的神圣价值和崇高追求都渐趋消失，消失在现实的个人利益和当前的物质生活之中，内在的、高远的、境界的精神空间也在一个时代的转变中落下帷幕。

私有财产及其意识以一种空前的方式强化了个体的独立性和行动力，人们以个体的方式参与到群体的实践之中，而这种群体实践的基本原则是以社会分工的独立性和社会整体运转的相互依赖性为前提的。"总体而言，古典经济学把社会概念奠基于人性的自然力学原理（饥饿与贪婪），从而更多是在自发性与自然演化的层面上理解社会，因而遗漏了对正义、团结、自由等社会规范的诉求，它们甚至干脆就把社会秩序与丛林法则相等同。"② 社会生活和实践越来越导向私人层面和世俗层面，个人利益和物质享受成为狂热的追求对象。加上社会越来越流动和陌生化，人们

① 《马克思恩格斯文集》第 2 卷，人民出版社，2009，第 33~34 页。
② 袁立国：《共同性的重建与共产主义观念》，《哲学研究》2018 年第 4 期。

频繁的跨区域流动加深了人与人之间的陌生感和隔阂度，共同的内在的生活经历和感受越发脆弱。"现代市民社会作为一种私人社会，由于它把原子化的个人视为最高目的、把社会关系看作达到私人目的的手段，因此侵犯了一种使人之为社会存在或类存在的生活方式。"① 西方现代社会这种个体化的实践方式与个人主义的兴起，极大地削弱了人类共同的实践追求和价值理想，私人社会的膨胀导致共同性的极大萎缩。人们为了追逐自己的个人利益和物质享受，往往将别人视为工具。人与人之间的主体性关系转化为一种物化关系和敌对关系。并且，经济领域所坚信的信条——个人自利行动的充分发展会在整体上带来社会整体福利的提高——并没有实现，反而越来越增加了经济危机风险，以及更多无法治愈的外部性。

虽然人的现实生活立足于世俗生活，物质性是人之存在的第一性，但这并不意味着人的现实生活终结于世俗生活和个人主义，个体生命与人类生存是多维的，崇高的价值境界和共同的生活经历同样不可或缺。人类社会的历史总是在四个极点上进行着持续的组合构建——世俗、神圣、个体、群体。古希腊神圣而个体—古罗马世俗而集体—中世纪神圣而集体—现代社会世俗而个体。

面对近现代社会以来的个体化进程及其公共性的不断丧失，思想家们不约而同地被置于同一个时代境遇之中，那就是如何重建群体、整合社会或获得公共性。这个问题在某种程度上几乎成为我们这个时代困境的一个总的表述。不同的思想家在不同的领域以不同的方式对这个总体问题进行了深入的思考，近代政治领域对共同体或共同性的思考，则通过"国家"这一最高概念表现出来。霍布斯将以国家为形式的公共性构建的逻辑起点安置在丛

---

① 袁立国：《共同性的重建与共产主义观念》，《哲学研究》2018 年第 4 期。

林时代的一切人与一切人之间的战争，这实际上是对近代人类个体化进程的一种理论写照。绝对的个体导致绝对的战争，而重构人类秩序、整合社会，需要实现个体的公共性，即放弃一部分权利，组成国家这个整体。这是法理的表述，与此同时，以政治哲学的方式表达出来的还有卢梭的"公意"、哈贝马斯的公共领域——通过交往理性来构建这种缺乏共同性的社会，以及阿伦特的对劳动人的评论等。

在马克思看来，资本主义国家在本质上是市民社会的延伸表达，并不是公共性的真实代表。马克思主义通过对资本主义社会的深度剖析，区别于以"市民社会"为立脚点的旧唯物主义，新唯物主义的立脚点是"人类社会"或"社会的人类"。要想获得共同的价值、情感和信仰，就需要有共同的经验和情感体验，公共的生活（劳动）是获得共同体内在联结的重要支撑。共同的实践过程和生活实践将彼此相离的世界拉近，获得了同一个世界，获得了同样的生活世界。在"真正的共同体"中，"各个人在自己的联合中并通过这种联合获得自己的自由"①。换言之，"只有在共同体中，个人才能获得全面发展其才能的手段"②。和谐社会的构建、人类命运共同体的构建，正是对这种社会理想的可能性构建。

二　中国式现代化新道路的逻辑

中国共产党"坚持和发展中国特色社会主义，推动物质文明、政治文明、精神文明、社会文明、生态文明协调发展，创造了中国式现代化新道路，创造了人类文明新形态"③。中国式现代化新道路是中国共产党带领人民一步步走出来的，是作为政治中

---

① 《马克思恩格斯文集》第 1 卷，人民出版社，2009，第 571 页。
② 《马克思恩格斯文集》第 1 卷，人民出版社，2009，第 571 页。
③ 《习近平谈治国理政》第 4 卷，外文出版社，2022，第 10 页。

心的党和政府，以共产主义理想社会为奋斗目标，在落后的条件下，以其主导力量有意识地推动和治理的结果。中国式现代化新道路有其内在的历史逻辑、实践逻辑和价值逻辑，是共产主义在这个时代的具体实现形式和推进方式。

（一）历史逻辑

近代以来，在内忧外患的双重历史压力下，中国社会逐渐发生了一场史无前例的大转型，社会在整体上呈现从传统向现代并引向未来共产主义社会的变化趋势。这种大转型是在西方强权的压迫下开启的，是在试图完成从传统社会向现代社会的转型和重构、实现民族独立和国家富强、构建新型人类文明形态的抗争中展开的。这种整体性、根本性的转型具有内在的历史必然性。

一方面，肇始于欧洲的西式现代文明，以压倒性的优势对中国的中古文明产生了巨大的冲击，中国被迫进入以西方现代文明为标杆的世界秩序之中，中国不得不面对并直接回应这种冲击。历史上与中华文明有过接触的文明基本来自亚洲本土，且文明程度远低于中华文明，即使有所碰撞，也很快被中华文明融合。而近代中国所面临的冲击来自异质的西方世界，中西方文明的碰撞，使中华文明面临巨大危机。这种压倒性的冲击造成了深刻的民族危机、严重的社会分裂和巨大的发展障碍，在根本上是一种文明危机，使中华民族不得不在激烈碰撞中寻求独立、富强和新文明。

另一方面，中国几千年的传统农业社会，是一个低度温饱和相对静态的非增长型社会，发展到清朝末年的时候，已经显现出严重落后性。从中古文明向现代文明转变上升为一个时代主题，被带到了历史的中央（此处的"现代文明"并非资本主义现代文明，而是对西方现代文明的解构、重构和超越），探求一条在中国走得通、行得稳的新型文明之路，构建人类文明新形态。

正是在这样的双重时代压力下，中国开启了漫长、曲折、艰难而又刻骨铭心的转型发展与重构超越之路；这是一个充满变故、冲突、矛盾和挑战的探索过程，呈现了深度复杂性。这种复杂性可以集中地概括为这样一句话：在被动和急迫的历史背景下，超大型社会进行整体性、根本性变革的不容易。

首先，中国是一个规模巨大、结构复杂和形态多样的社会，庞大的人口数量、复杂的利益主体、多样的关系形态和深厚的文化根基，使所有的变革和转型变得极为艰巨、复杂，牵一发而动全身，实现整体转变殊为不易。单就人口而言，19世纪40年代，中国人口已经突破4亿；而同一时期欧洲的总人口还不足4亿，数百年之前当其开始现代转型时，人口更少。

其次，这种转型与变革又是总体性和根本性的，而不是某一方面的简单调整。这种变革是包括经济生产方式、政治组织模式、文化思维方式、社会生活习惯在内的多维度、多层次的转变，是从根本上对一个社会进行基础性、框架性和系统性的重构，是文明性质的转换。

再次，超大型社会的整体性、根本性的变革并不是自然而然地在一个准备充分、时间充裕的环境中展开的，而是被动的和急迫的。中国社会的现代转型重塑是在西方列强的入侵中被迫开始的，既没有充足的心理准备、思想准备，也没有足够的物质准备和制度准备。在没有充分准备的情况下，我们要在短期内完成西方数百年走过的现代化道路，达到西方经过数百年才沉淀的现代文明高度，并以共产主义社会为实践目标，可以想见我们所面临的任务有多艰巨和复杂。而可能的超常规决策带来的不稳定性，大大增加了这个任务的复杂性。

最后，中国人口规模巨大，人均资源占有较少，而现代社会的转变，特别是现代经济具有集中性特征，需要大量的资金和生产要素的聚集，客观上造成了现代化的先天条件不足。加上中国的现代化建设不同于西方通过殖民掠夺进行生产积累，而是坚持走独立自主的道路，这就需要以极大的耐心来缓慢积累生产要素，把有限的资源用在最有效能、民生福祉最急需以及安全应对领域，合理安排农轻重比例，把民生稳定、生产积累和工业国防三者统筹起来考察。

中国式现代化新道路的历史逻辑说明中国是在一种异常艰难、极为特殊的历史条件下进行现代化建设的，深刻影响了后续实践的展开。在人口规模巨大，人均资源占有量少，时间紧、任务重、发展不均衡以及缺少外部支撑条件的情况下，中国的转型发展呈现出如下特点。

一是，强大的代表性与内在的整合力是关键。超大型社会要在急迫的背景下，在一种非自然的超常规节奏下，准确把握和有效处理不同阶段历史浪潮呈现出的实践主题，完成框架性的社会转型和重构，是异常艰难的，面临着巨大的整合难题和稳定性考验。而中国社会转型的这种艰难性并不意味着它是不可完成的，而是要看谁有能力统摄这种局面，实现整体转型。这是历史自身的逻辑选择。庞大的人口规模、复杂的利益关系、繁重的转型事务，周期短、任务重、条件缺，在这样一种大变局中，谁有足够的力量统摄全局，有足够的精神凝聚全局，有足够的能力领导全局，进而汇集资源、整合力量，站在历史的中央，谁就会被历史选择。近现代以来，很多政治力量参与了中国社会的现代转型和重构，较早的有洋务运动、太平天国运动、戊戌变法、义和团运动、辛亥革命以及后来的蒋介石政府，最终都失败了。而中国共产党能够从弱小发展壮大，最终在众多力量中被选择，成为历史的主导，凸显了这种选择的历史艰难性。历史有自身的逻辑，会选择能够完成变革事业的主体，"克服了社会低组织化状态和国家权力分散化状态，为中国现代化提供了坚实的权威基础"①。

二是，需要特别注意急切的发展愿望和主观能动性需与客观的经济发展规律有机结合。面对民族屈辱和国家苦难，早期共产党人渴望尽快摆脱被压迫、贫穷的状况，突出了一种时代心声。这种渴望和心声需要以积极和科学的方式释放出来，否则就会造成不合理的跃进。认清客观现实，耐心等待时机，谋定而后动，在这种时代的特殊背景下显得尤为可贵和重要。

（二）实践逻辑

一般认为，"'社会主义'与'现代化'并不处于同一时空序列，前者是西方后资本主义的未来社会形态，后者则是东方前工业社会实现现代转型的历史主题"②。"社会主义"是针对后资本主义社会而言的，即达到了甚至高于资本主义的生产力和财富积累水平，进而要求改变现存生产关系以建立新的更高一级的社会形态，进一步释放生产力。而"现代化"则是东方前工业社会，从传统农业向以现代工业为主的经济体系转变的过程。前者是发达条件下的社会状况，后者是不发达条件下的社会状况。

"马克思之问"与"列宁之问"③ 都集中思考了落后国家如何建设社会主义这一难题。落后国家建设社会主义是通过现代化这一中介来完成的，是有意识地利用资本主义的某些文明因素发展生产、积累财富，最终迈进社会主义。总体而言，一般意义上的现代化原本是由资本主义而非社会主义来推动完成的，社会主义的本质是要扬弃资本主义开辟的现代性文明及其风险，超越以商品经济、私有产权、资本动力、城乡对立等为特征的现代性，

---

① 陈明明：《在革命与现代化之间——关于党治国家的一个观察与讨论》，复旦大学出版社，2015，第 298 页。
② 高力克：《社会主义现代化：中国道路》，《浙江学刊》1991 年第 6 期。
③ 任平、郭一丁：《论新现代性的中国道路与中国逻辑——对五四运动以来百年历史的现代性审思》，《江苏社会科学》2019 年第 2 期。

即资本现代性。如果落后国家已经完成政治革命，取得国家权力，但资本主义没有完成"现代化"任务，就需要社会主义来完成。社会主义初级阶段与资本主义的某些客观进步性要素之间的关系不再是时间上的更替，而是空间上的并存。但是，在这种"现代化"的积累过程中，不是先积累到一定程度，然后再通过政治革命进行分配来实现的（不是保留资本主义剥削关系前提下的财富积累），而是在政治革命后，利用国家力量节制资本、释放生产力，在积累的过程中同时兼顾公平正义来完成的。此时的现代化在本质上已经不再是资本主义的现代化，而是社会主义的现代化。

正是借助对社会主义与现代化关系的全新思考，以及吸取了资本主义与苏联社会主义现代化正反两方面的经验教训，中国共产党突破了传统的社会主义观念和模式，在实践中不断探索符合中国国情的社会主义现代化道路。这个过程集中表现为国家通过公共权力利用资本推动现代化。

首先，在落后国家建设社会主义，大力推进现代化。在社会主义初级阶段需要通过现代化来发展生产力，积累物质财富，这种发展模式的直接表达就是社会主义与市场经济的结合，通过中国特色社会主义市场经济体制呈现出来。通过占有资本主义的文明成果来发展生产力，破除了"资本主义＝市场经济""社会主义＝计划经济"的思想观念束缚，社会主义的本质是"解放生产力，发展生产力，消灭剥削，消除两极分化，最终达到共同富裕"[1]。社会主义的本质是发展生产力，实现共同富裕。"是否有利于发展社会主义社会的生产力，是否有利于增强社会主义国家的综合国力，是否有利于提高人民的生活水平"[2]，是衡量一切工

---

[1]　《邓小平文选》第 3 卷，人民出版社，1993，第 373 页。
[2]　《邓小平文选》第 3 卷，人民出版社，1993，第 372 页。

作是非得失的标准。通过社会主义与市场经济的结合，利用全球资本和民间资本，为资本的实现和运转构建可能的理论和形式，为社会主义现代化服务，而不是像苏联社会主义现代化那样，直接而完全地拒绝和否认资本的作用。

其次，这种探索与结合是站在社会主义高度，以社会主义方式打开现代化，现代化具有社会主义的性质。"西方国家在资本主义起源及其发展进程中，逐步形成了资本现代化模式，其核心表现就是资本逻辑与现代性逻辑的同一性。中国式现代化解构了这种同一性，遵循马克思的资本辩证法，构建了驾驭资本的现代化模式。"① 通过公共权力来规范、驾驭资本，激活"资本的文明面"，提升生产能力，对资本进行引导性发展和规范性释放。这既走出了资本主义对资本逻辑的完全依赖、泛资本化发展模式，也突破了完全摒弃市场经济和资本的苏联模式，走出了苏联对资本完全否定的认识和实践困境，防止"西化"与防止僵化双管齐下，在克服其内在局限性的同时，利用其积极性。中国式现代化以国家权力为主导、以生产关系为中介驾驭资本，实现人民共同富裕和社会主义发展，是以国家权力为主导的资本驾驭与激发模式。但也要注意，驾驭资本绝不意味着国家权力"无原则""全能式"干预一切。国家权力要在法治轨道上和理性原则下驾驭资本，国家权力驾驭资本主要集中在宏观层面，而不是微观领域的过度干预或控制。

因而，社会主义市场经济体制代表了中国式现代化发展过程中的双重动力，即有为政府与有效市场统一，是中国式现代化道路的突出优势。面对西方现代化发展几百年的历程，以及苏联现代化的曲折过程，中国总结它们的经验教训，对现代化的认识更为清醒。回到一个基本的常识，现代化本质上是要解决生产动力

① 唐爱军：《唯物史观视域中的中国式现代化新道路》，《哲学研究》2021 年第 9 期。

和社会正义问题，两者构成了现代文明的两个维度，并以此为中心，影响着实践过程的权力运转、制度建构、动力选择及目标生成等。中国式现代化道路与遵循资本逻辑的资本主义现代化道路有本质区别，也与彻底否定资本的苏联社会主义模式不同，在社会主义借助现代化和现代化的社会主义性质的双重逻辑中，促进社会主义初级阶段的发展，使共产主义在当前阶段获得自己的实现形式，指向未来的最终实现。

最后，中国式现代化道路的实践立足于强大政党与国家稳定。正如亨廷顿所言："处于现代化之中的政治体系，其稳定取决于其政党的力量，而政党强大与否又要视其制度化群众支持的情况。"[①] 在中国式现代化新道路的整个实践过程中，从革命年代到建设年代，中国共产党始终在场，而且是稳定有力的领导主体。"中国特色社会主义最本质的特征是中国共产党领导，中国特色社会主义制度的最大优势是中国共产党领导。"[②]在革命年代，在各种政治力量纷纷登上历史舞台又纷纷失败的背景下，历史最终选择了中国共产党，成为社会力量整合的中坚和领导者。这主要是因为中国的现代化内含于救亡图存的时代大任之中，近代中国被迫卷入以西方为主导的现代文明体系，从传统社会向现代社会转变，而这个转变本身就伴随着民族和国家的危机。救亡图存的过程中会产生强有力的政党和国家力量，出现具有社会整合和代表性的力量，否则难以集中力量，形成对外回应力。

而在新中国成立初期，为实现经济体系独立和国家政权安全的双重目标，党和国家整合资源，统一有力地满足了落后国家现代化短期内发展重工业和国防工业所需要的资源集中和投入力度

---

① 亨廷顿：《变化社会中的政治秩序》，王冠华等译，上海人民出版社，2021，第341页。

② 习近平：《在庆祝中国共产党成立100周年大会上的讲话（2021年7月1日）》，《人民日报》2021年7月2日，第2版。

（非自然中的社会集中），以及社会稳定性的要求，彰显了集中力量办大事和保持独立性的作用。如果国家组织松散，财政力量弱小，就无法有效进行大规模、有侧重的投资行为，在市场不完善的情况下，缺少发展动力。国家统一与民族独立带来的直接结果之一便是国家力量的增强，能够顺利实现财政与税收这一最主要的现代国家职能。有了财政整合能力与经济动员能力，才能集中力量办大事，解决一系列棘手的经济重建问题。

在改革开放以后，党和国家的有力领导既实现了经济快速发展，也保持了社会长期稳定的良好局面，掌控发展速度的同时化解发展风险。经济高速发展，也会带来诸多挑战，如果没有强有力的集中统一领导，不仅发展会受阻，社会也会出现不稳定。具体而言，一是高速发展会较快地打破既有的社会秩序和心理情感结构，社会越轨行为增多，群体之间冲突易生；二是高速发展会拉大社会差距，造成社会贫富分化，沉积社会矛盾和冲突；三是高速发展过程中，很多规章制度处于形成和改变过程中，有待进一步更新和完善，而两者之间的不一致可能会造成违法犯罪行为增多，并且造成治理者本身的腐败贪污等问题。高速发展一方面满足了赶超型工业化的需要，另一方面可能会造成社会矛盾的凸显。因此，保证社会长期稳定是一个极大的考验，不能让经济高速发展撕裂了社会秩序和稳定和谐。

在中国特色社会主义进入新时代，向全面建设社会主义现代化强国的奋斗征程中，仍然要坚持党的集中统一领导，发挥党总揽全局、协调各方的作用。同时，通过自我革命改善党的领导、加强党的建设，以"强党"引领"强国"目标的实现。总体而言，政党有担当、国家有力量，保证了经济社会中政策规划和实践过程的持续性和稳定性，这种持续性没有因为权力的交替、社会动荡等而中断，应对了超大型社会发展过程中的复杂性、不平衡性以及由外部压力带来的可能性风险；也有效地化解了市场经济自然周期律带来的经济波动和价格震荡，保证了资源分配和经济生产的健康有序；而且在一定的程度上，有意识有侧重地引导投资方向和规避资本风险，在自然而然的增长过程中，起到了科学的指引作用。这种实践逻辑既是共产主义在当前社会的实践方式和展开形式，也是其最大限度进一步向未来社会推进的坚实基础。

三　人类文明新形态彰显类价值

"我们坚持和发展中国特色社会主义，推动物质文明、政治文明、精神文明、社会文明、生态文明协调发展，创造了中国式现代化新道路，创造了人类文明新形态。"① 中国式现代化新道路不仅是狭义层面上的一种新的组织方式和发展模式，而且以新时代中国特色社会主义开创和推进的中国式现代化新道路，本质上是在创造一种有别于西方现代文明的新文明形态。这种新文明形态以对人类共同渴望的价值追求为内在原则，扬弃西方文明的局限性，释放中国文明的智慧，以马克思对人类的深刻剖析与展望为基础，从而彰显其文明特性。

首先，以人民为中心。所谓以人民为中心，主要有三重内涵。其一，以人民为中心是以人而不是以资本为中心。这种文明新形态不是为资本家逐利和积累提供保证，也不是将人变成消费机器和生产工具，更不是利用一切社会对抗和原子化来实现积累。相反，以人民为中心是在利用市场效率的同时，更加关注社会公平和正义，关注普通大众在现代化进程中生活处境的改变和自由的全面实现，使普通老百姓有获得感和幸福感，现代化可以利用资本，但不是资本化。其二，以人民为中心要抑制发展带来的社会分化、贫富差距和不公平不正义。西方国家在现代化乃至

---

① 《习近平著作选读》第 2 卷，人民出版社，2023，第 483 页。

整个文明进程中，始终面临着社会分化加剧、贫富差距拉大以及不公平不正义导致的矛盾冲突增多的各种问题。以人民为中心就要防止国家快速增长造成社会秩序失衡、矛盾丛生，关注普通百姓生活的提高。人类文明在发展的过程中，要特别关注因发展带来的社会问题，让发展带来的红利惠及人民，而不是让发展带来的经济社会不稳定危害人民。其三，以人民为中心一定要以人民的长远渴望和现实生活为中心，而不能只关注重工业、大项目的发展，而把精力和资源从日常民生中抽离，这样的发展是难以为继的。人们有现实的生活和追求，现代化不仅是飞机大炮、高铁火箭等大型项目的发展，还是民生需要、日常需求、冷暖便利的满足。两者需要平衡，这也是对现代化（文明发展）的全面理解。

其次，和平发展与对外开放。许多思想家对人类历史进程进行过阶段划分，其中值得注意的是雅斯贝斯，他将人类历史划分为四个阶段：第一个阶段是公元前 5000 年以前的史前时代，人类开始使用火、工具和语言，被称为"普罗米修斯时代"；第二个阶段是公元前 5000 年到公元前 3000 年的古典文明时代，四大文明开始出现；第三个阶段是公元前 800 年到公元前 200 年的"轴心时代"，奠定了人类赖以生存的精神基础；第四个阶段是从 17 世纪开始孕育进而形成的科技时代，又被称为"新普罗米修斯时代"。科技时代给人类带来了巨大的影响，使世界文明从孤立隔绝走向交流融合，全球交往和世界秩序被前所未有地呈现到人类的面前，成为现代世界乃至后现代世界的一个时代主题。西方的工业化、现代化、科学技术及其所谓"普世价值"等糅合而成的，被意识形态化为唯一性的文明模式，不断向世界扩张和渗透，造成了一元化进程中全球交往的冲突与对抗。而中国在这个时代的现代化道路，展现了另一种现代化的可行——和平发展的现代化，"中国式现代化是走和平发展道路的现代化"①。这正是马克思主义及其共产主义理想所力求实现的。而如果单纯地从大国更替、世界中心转移的角度看，中国一直谋求和平发展、和平崛起，努力避免大国关系中的"修昔底德陷阱"，中国的和合文化为和平发展提供了文化基因和智慧支撑。

同时，一个国家要实现现代化并走向未来，在全球化的时代，需要改革开放，中国的改革开放具有经典意义。关键是，落后国家的改革开放应该是自主的（特别是政治和经济体系的独立，以及渐进式的放开、保护和支持工业成长等），也需要发展起来后的和平共存。这是改革开放的两个关键点。

再次，为发展中国家提供了现代化模式借鉴。中国式现代化道路创造的人类文明新形态，不仅反映了人类文明从资本主义向社会主义发展的一般演进逻辑，而且在更高的层面上，对于当前落后的非社会主义国家而言，也有一般性的意义。落后国家的现代化转型和超越之路该如何走，是困扰这些国家经济社会发展的根本性问题。事实表明，西方的现代化模式（准确来说是西欧和北美的现代化模式），只适合西欧、北美等先发现代化国家，而东亚模式（日本、韩国、新加坡）、苏东模式和拉美模式与西方现代化模式存在较大差异。如东亚模式具有较强的集中统一性和社会稳定性。日本虽然是多党制，但长期执政的是自民党，形成"一党优位制"，这与西方两党轮流执政差异巨大；形式上是多党制，但实质上却具有自己的特点。拉美由于长期依附于西欧模式而陷入发展困境，其现代化模式并不值得借鉴。与这些主要的发展模式相比，中国式现代化道路具有一般性意义，落后国家应有自己的政治框架和组织制度，独立地实现从传统到现代的转型，真正实现国家独立富强、社会文明进步。中国式现代化道路创造

---

① 《习近平著作选读》第 1 卷，人民出版社 2023，第 19 页。

的这种文明新形态为其提供了可能的思考和路径。

中国与广大发展中国家具有相似的命运，都要争取民族独立和国家统一，都要在发达国家构建的世界秩序和游戏规则下，开始现代化建设，都面临着严峻的发展问题。而中国作为一个超大型人口的国家，能够在短短几十年内，稳定而快速地实现现代化，并在西方主导的世界经济体系中保持发展共振和独立自主（去依附），超越西方资本现代性创造的文明模式，努力化解这种文明的内在局限性和风险挑战，实现从传统到现代的转型，开创一种文明新形态，并引向更高的文明，这对于广大欠发达国家实现现代化而言，具有一般性的和积极的意义。这种意义不仅是对落后的社会主义国家而言的，而且是对落后的非社会主义国家而言的，为广大发展中国家在经济落后、产业条件差的情况下发展经济、实现现代化，提供了借鉴。所以，中国式现代化新道路开创的人类文明新形态，内在地包含了发展中国家进行现代化的路径可能，这种路径可能，在现阶段具有"资本主义-社会主义"范式之外的"发展中国家-现代化国家"参考价值，这是一种更广泛意义上的类价值。

最后，全面现代化与人的自由全面发展。人的自由全面发展是一个现实的实践过程，通过这种实践，人实现了两重占有——对世界的占有和对自我本质的占有。这是从外在实践打开世界，继而经外在实践向内打开的深化，既获得一种客观性和现实性，也获得一种主体自觉和生命自由。而人的自由全面发展需要回归到具体的社会演进历程之中，回归到中国式现代化新道路的具体实践之中。人是一个生命过程，更是一个社会过程，社会历史的演化铺陈出生命展开的宏观视野和微观可能。社会现实的客观历史进程总是呈现出它的时代性和实践的主题性，深刻而直接地影响着人的自由全面发展的展开逻辑、获得形式和实现程度。中国式现代化新道路在超越西方资本主义现代化道路的过程中，坚持以人为本的全面发展逻辑，并把这种以人为本纳入客观化的历史进程和生产力（方式）构建之中，形成五位一体总体布局。这个过程所表现出来的逻辑本质上是一种双重自由，是现实物质自由和主体精神自由的统一，是实践自由和生命自主的融合，是一种文明新形态。有别于西方现代化在走向物质财富自由的过程中，越发失去现实的自由度和生命的自觉性，这种双重自由的获得，在漫长的历史探索过程中，展现为从"站起来""富起来"到"强起来"的实践图景，伸展出政治、经济、文化、社会、生态各个领域的努力。

第三节　在理性实践中践行共产主义理想信念

　　共产主义理想信念是一种强烈的理想期待和价值信仰，共振于西方文明的内在危机和中华民族的苦难探索中，在整个历史和现实的浪潮中，对于落后国家和民族而言，表现为极其热烈的内心渴望。这种渴望在转化为现实的过程中，需要制约其可能的主观化倾向，将其纳入理性的实践中，释放能动性。辩证处理长远目标与近期民生之间的关系，从过程中持续激发行动力量，从而最终有效处理理论与实践、未来与当前的张力关系。

一　立足客观化的历史进程

　　历史上，中华民族长期处于世界领先地位，8~12世纪尤为辉煌，即使到了明朝，GDP总量仍占世界经济总量的近三分之一。① 而鸦片战争后，国力衰颓，民族陷入巨大危机。这种转变造成了一种巨大的民族心理落差。从落后的农业国变成先进的工

_____

　　① 安格斯·麦迪森：《世界经济千年史》，伍晓鹰等译，北京大学出版社，2022，第340页。

业国，尽快实现国家富强、民族复兴，重入大国强国行列，是中国人民在那个时代的心声。百年屈辱所累积的内心渴望，在新中国成立后被迅速地释放了出来。这种急切的内心渴望和巨大的精神驱动力，在那个时代常常表现为一种大规模的经济会战和激进运动，呈现为一种跃进的态势，热烈的内心力量有时甚至被强烈地外化为一种主观性而非客观规律性。在当时，国家强大的直接表现是工业化，特别是重工业的发展。18世纪工业革命之后，西方国家之所以在短时间内超过东方，正是因为其工业化使国家强大，"在当时，钢铁产量被公认为衡量国家工业化程度的一个可靠标准"①。重工业的发展不仅保障了国防安全，而且在根本上实现了国家强大和经济自主，摆脱了对资本主义世界市场的依赖。但是重工业的发展是一个循序渐进的过程，是从农业发展和轻工业积累中慢慢转型出来的，即使在特殊的国际环境和心理作用下，也需要遵循经济发展的一般规律，符合客观现实条件，而不应该以主观价值和判断来超越现实。

因此，改革开放后，我们大力调整了产业结构，注重农轻重比例的协调，解决短缺经济，使经济结构平稳发展。并且，摆脱了传统不合理的意识观念的束缚，特别是社会主义一定是全部公有制经济的固有思想，开拓公有制以外的经济发展空间，经济改革从公有制内部的存量改革，转向公有制外部的增量改革，关注私营经济的发展。在此基础上，整个经济改革开始从行政性分权放权，把自主权放到地方政府这一主体上，转向市场性分权放权，把自主权进一步放到最基本的生产单位企业这一主体上。②从客观上考察激发经济活力，释放能动性和积极性的发展策略，更加以实干和实际的态度，来推动社会主义的发展及共产主义的

---

① 罗纳德·哈里·科斯、王宁：《变革中国：市场经济的中国之路》，徐尧等译，中信出版社，2013，第25页。

② 吴敬琏：《吴敬琏论改革基本问题（Ⅲ）》，上海三联书店，2021，第52~56页。

现实。

经过几十年的积累攀升，我们进入中国特色社会主义新时代，"高质量发展是全面建设社会主义现代化国家的首要任务"[①]。整个经济社会从粗放型向创新型发展，并谋求更大的发展空间。随着我国资源、土地、劳动力等关键要素价格的上升，高投入式的或劳动密集型低成本的优势渐趋消失，在国际市场上不具备竞争优势。产业结构需要进一步向上游攀爬，通过知识进步、技术创新和产业升级，提高人均劳动生产率和人均 GDP 水平，跨越"中等收入陷阱"。在这样一种挑战下，富强需要经济的高质量发展来进一步推进。在此基础上，我们跳出了一般意义上的经济范畴，更加注重社会建设，协调全面发展，通过经济发展的社会治理导向，以经济来建设社会的同时，更加为经济的高质量发展提供持续的动力支持和稳定支撑。改革开放后经济建设非常高效，而社会建设则相对滞后，"社会投入不足已经成为中国经济发展最大的瓶颈"[②]。改革开放之初，邓小平同志提出让一部分人先富起来，贫穷不是社会主义，公平正义的贫穷更不是社会主义，以这种非均衡发展方式尽快摆脱贫穷；经过几十年的快速积累，有了一定的条件和能力推进共同富裕。与此同时，短期内的快速发展导致社会分化加剧和贫富差距拉大，影响安定团结。我国幅员辽阔、人口众多，现代化及其要素汇聚的程度不同，造成地区之间、群体之间、产业行业之间发展差异较大，特别是城乡之间，城市各群体之间以及行业之间收入差距较大，发展难以有效共享，影响了社会群体对改革开放红利的获得感。缺乏共同的生活经验和内心体验，难以彼此理解，长此以往，就会造成更大的心理失衡和人际紧张，进而沉积各种矛盾，社会失范、极端行为和

---

① 《习近平著作选读》第 1 卷，人民出版社，2023，第 23 页。
② 郑永年：《未来三十年·2：新变局下的风险与机遇》，中信出版社，2017，第116 页。

群体事件增多，导致社会的不平衡，影响和谐社会的构建。正是在这种可能性和急迫性的双重背景下，社会建设才上升为一个时代主题，关乎经济社会稳定和可持续发展。

所以，总体来看，中华民族经历了刻骨铭心的百年探索历程和近代的屈辱，渴望早日实现强大，建立更先进的文明，走向共产主义社会，实现伟大复兴。于是在这个过程中，落后和社会主义（共产主义）就成了我国实践过程中具有根本动员性的两个词，极大地刺激、驱动着我们的主观精神。这种强大的主观精神力量，为我们持续地保持昂扬的斗志和实践定力提供了保障，再大的困难也能够坚韧不拔，再遥远的道路也能够矢志不渝。但是，这种强大的精神力量在外化为客观实践的时候，需要有效掌控，否则很容易外化为一种主观性，外化为急切的追求和脱离实际的超常规实践。在通向共产主义社会的实践道路中，党和国家越来越清晰地认识到这种力量的实践方式的重要性，内心的渴望是强烈的，但外在的实践是冷静的。

二　贴近现实性的民生福祉

现代化不仅是宏大叙事，还是百姓日用和微观生活，普通民众的方便与幸福。社会主义建设及现代化的过程需要关注民生，关注个体命运，关注民生事业的载体。道不远人，社会大道就在人间。关注民生就是要关注承载民生的各项事业，给人以安身立命的现实支撑。无论是农业化，工业化，还是城市化，发展的最终目标是使人们有获得感，有希望和奔头。城市化在本质上是人及其生活的城市化。现代社会人们对生活的期待与传统社会是不一样的，现代社会中的人们更加关注个人的日常生活和幸福，关注世俗的需要和满足，关注生活质量的提高、收入的增长，以及社会公共品及服务的质量提升。而"在以自然经济为基础的传统社会，民众对自己生活的期许，基本上停留在'活下去'和'代代活下去'这两个简单却十分现实的目标，而谈不上生活质量问题"①。"现代社会则不同。现代社会的一个重要特征便是世俗化进程的迅速推进。在现代社会，伴随着现代生产力的发展，伴随着以人为本基本理念深入人心，民众越来越现实、理性。民众越来越看重现实的日常基本生活需求问题，越来越看重现实的生活质量问题。"② 民生事业关涉人们对生活的满意度、幸福感，进而关涉整个社会的稳定以及社会持续进步的驱动力。

在现代化转型中，最先看到民生问题重要性的是孙中山，三民主义中的"民生"正是对这一问题的深刻关怀。孙中山对西方文明有清醒的认识，他在主张发展西方现代文明的同时，更加注重民生事业，"他目睹了诸多工业化国家日渐增长的社会改革与革命的趋势，因此想令中国在将来免于类似的罢工与劳资纠纷问题。1897 年，他形成了一种社会革命的观点，以补充其先前的民族与民主革命"③。但是，民国建立后，"他的多数追随者仅致力于推翻满人，建立共和国，而很少有人关注民生重建与解决民生这些更重要的任务"④。民生建设失败，社会分化严重，发展理念出现分歧，人们体会不到生活的改善，看不到希望和美好，难以真心支持国民党政权。

新中国成立后，迅速恢复和发展生产，保障人民安居乐业。改革开放后，最重要的改革之一，是解决民生问题，在解决民生中发展经济。通过建设社会主义市场经济体制，更加合理地调整产业结构，注重轻工业和乡镇企业的发展，不仅有效地解决了物资短缺的问题，而且增加了就业，提高了收入。1979 年 12 月，邓小平在会见来访的日本首相大平正芳时提出："我们要实现的四

---

① 吴忠民：《中国道路与现代化内生动力》，《中共党史研究》2018 年第 10 期。
② 吴忠民：《中国道路与现代化内生动力》，《中共党史研究》2018 年第 10 期。
③ 徐中约：《中国近代史》，计秋枫等译，世界图书出版公司，2012，第 343 页。
④ 徐中约：《中国近代史》，计秋枫等译，世界图书出版公司，2012，第 343 页。

个现代化，是中国式的四个现代化。我们的四个现代化的概念，不是像你们那样的现代化的概念，而是'小康之家'。"① 与西方现代化不同，"小康式现代化"是一个具有浓厚生活化色彩的概念，意在提高人民收入和生活水平，关注民生。现代化不只是宏大叙事，更是微观生活。同时，我们认可物质激励，突破传统单纯的精神激励，通过物质激励，释放主体劳动的积极性和创造性，多劳多得，劳动与收入直接挂钩，劳动热情和生活热情被激发出来。而新时代的社会建设，推进公平正义和共同富裕，提高百姓生活水平，让老百姓有获得感，正是推进民生事业。习近平总书记指出："我们的人民热爱生活，期盼有更好的教育、更稳定的工作、更满意的收入、更可靠的社会保障、更高水平的医疗卫生服务、更舒适的居住条件、更优美的环境，期盼孩子们能成长得更好、工作得更好、生活得更好。人民对美好生活的向往，就是我们的奋斗目标。"② 进一步完善社会保障、医疗卫生、教育服务以及住房调控体系，深化收入分配制度改革，增加城乡居民收入。建立常态化的社会保护机制，防止脱贫人口再次因医疗、教育、住房等返贫，促进社会公平正义，推进共同富裕，以及积极进行生态文明建设，构建美丽中国等，本质上是社会主义以"社会"为本的建设探索。

　　而从一个更宏观的视角来看，社会建设有其文明稳定的内在性。在传统社会中，经济寓于社会之中，受社会基本价值原则的制约，并没有破坏社会，而到近代，资本主义经济原则逐渐挣脱社会基本价值的束缚，与社会分离开来，并反过来成为社会构建的主导原则③。这种主导在 20 世纪 70~80 年代的新自由化运动中

① 《邓小平文选》第 2 卷，人民出版社，1994，第 237 页。
② 《习近平著作选读》第 1 卷，人民出版社，2023，第 60 页。
③ 卡尔·波兰尼：《大转型：我们时代的政治和经济起源》，冯钢等译，当代世界出版社，2020，第 16~18 页。

更加迅猛，造成财富不均衡和社会分化更加严重。经济原则以追求无限剩余为终极理性，资本所到之处皆为工具。人作为一种总体性存在，蜕变为一种工具性的劳动力量，人的劳动力化和商品化带来了包括人的情感、价值、理想、尊严在内的所有东西的商品化和工具化，并延续到人与人组建起来的社会之中。社会也以这样一种工具理性和剩余追求为原则，造成了社会文明的退场，导致了一系列问题。而当代中国所进行的社会建设，正是对社会的保护，驾驭资本在社会保障、医疗、教育、住房（房住不炒）等民生领域的正确释放，以社会价值为原则提升生活福祉，构建和谐社会，这正是我国通过增强公平正义、推进共同富裕来进行社会建设的宏大时代背景。

而与中国自觉进行自上而下的主导型、代表性社会建设不同，西方社会建设的改善往往伴随着大规模的工人运动和社会动荡，"在当今发达国家，社会制度的建立往往和持久的充满暴力的工人阶级运动，甚至革命在一起。不难看到，从原始市场经济或者资本主义转型到现代福利型资本主义并非一个自然的过程，而是社会改革的结果"①。西方的社会补偿机制更多来自社会自下而上的社会运动的逼迫。中国社会建设具有内在的文明性（也是共产主义社会的基本要求），是以人为本的利益代表性整合，具有内在的稳定性。

三　掌控文明性的实践张力

在更为一般的意义上，对加强共产主义理想信念教育之时代逻辑的研究，将问题带入一个更高层面的思考之中，就是共产主义宏伟的文明性构想与具体的实践性积累之间的辩证关系。共产主义源于近代以来资本主义社会给人类造成的深重灾难，是孕育

---

① 郑永年：《大趋势：中国下一步》，东方出版社，2019，第 299 页。

于资本主义的新文明构想。这种新文明构想是以人的自我发展与实现为核心的自由人联合体的社会理想和价值信仰，具有类的文明性与共享性。共产主义的这种文明性具有人类自身的内在逻辑，这种内在逻辑植根于普通大众对美好社会和幸福生活朴素而执着的追求，贯穿人类历史的过去、现在及未来，在历史进程中，以这样一种精神价值和理论形态的方式浓缩呈现出来，并在思想、运动和制度的演进中，不断将自身推向现实。

就其内在精神价值而言，一种伟大的社会思想一旦形成，往往具有超越性，超越具体时代和具体事件。这种超越性同时也意味着普遍性与共享性，不随具体的事件变化而发生本质的变化。同时，这种伟大的社会思想不仅是要在价值层面解释世界，构建美好生活，更是要将它转化为现实的存在，是要改变世界。这种朴素而真切的内心渴望并不是抽象的，而是立足于历史唯物主义，是"社会—历史的现实"①，充满了人类的现实性，只有通过一定的社会形式才能真正实现出来。因此，从精神价值上看，共产主义具有人类性、超越性和正义性，但是这种文明性在转化为实际的现实的时候，却是具体的，与现实状况融为一体的。这种转化则具有阶段性以及与之相应的内在逻辑，在不同的历史阶段，共产主义需要构建不同的现实融入方式，以此获得可实践性、可理解性，获得可以理论说服人的现实形式。

共产主义的文明性在转化为实践的过程中，之所以会出现这种带有阶段性和过程性的特征，主要是有两个方面的原因。一方面，马克思在其所处的时代，虽然将共产主义从空想变为科学，但这种科学性主要侧重于理论和逻辑层面的分析论证（基于西欧资本主义社会事实的分析），具有浓厚的价值色彩和信仰坚守，

---

① 吴晓明：《论马克思政治哲学的唯物史观基础》，《马克思主义与现实》2020 年第 1 期。

尚缺乏相应的实践知识和实践路径。这种缺乏是时代的局限造成的，因为当时还不具备实践共产主义的社会历史条件，共产主义的实践性还处于积累阶段，理论性更为突出。直到十月革命胜利、苏联建立第一个社会主义国家，特别是中国特色社会主义道路的开辟，共产主义才真正从理论展开为现实，在实践中获得自己特有的形式，实践问题越发凸显。另一方面，共产主义彰显了人类对未来社会的美好构想，这种构想具有总体性、多维性和不确定性（不确定的实现方式和限度）。这种总体性、多维性和不确定性一旦由理论向实践转化，就要根据不同的历史条件和实际任务，在不同的阶段找到自身的相应实现形式，获得自身接入现实的理论向度和实践逻辑，并在这种具有阶段性特征的实践中，一步一步地展开，表现为一个过程，从不同维度不断趋近最终的目标。这种理论与实践的张力与互动，使得共产主义的文明性有其时代的面向和特征。在根本的意义上，共产主义理想之所以"伟大"，原因之一是它要去实现自身，它不是纯粹的价值关怀和道德说教。这是社会思想不同于一般理论的关键所在，伟大的社会思想由其自身的科学性和内在逻辑决定，这种决定直接将共产主义的文明性和实践性呈现出来。

综上所述，共产主义具有文明性的内在精神和实践性的本质要求，而两者在根本上又是统一的。共产主义的文明性不仅是价值的文明性，而且是现实的文明性，这种文明性要以现实的形式表现出来，获得自我实现；共产主义的实践性则是文明性的逻辑延伸，是对符合普通大众利益诉求和内心期待的社会理想形式的建构，超越近代西方社会的资本文明。这种文明性具有总体性、多维性和超越性的特点，它一旦向现实逼近，获得自身的实践载体，在不同的时代主题和实践任务中，就会展开为具体的、特定的、有限的存在形式。这种存在形式是共产主义引向现实的积极表现，但这种表现和实现又是不完全的，是具体的和有限的，无法一下子将共产主义的所有理想展现出来，而人们对共产主义的实际认知和理解又总会被带入具体的时代层面，与这种具体性紧密相关。这种总体性和多维性与具体实践及认知之间的张力，有时会被放大为一种差距，特别是当共产主义无法为自己的具体实现形式提供充足的理论说明的时候（基于整个共产主义文明性的内在逻辑），常常会被误解为一种矛盾和冲突，导致用一方否定另一方的认知局限，从而造成理想信念的弱化。因此，强化共产主义的文明性与实践性，亦即总体性、多维性、超越性及不确定性与具体性、阶段性、有限性和特定性之间的理论联系和实践逻辑，辩证地理解它们彼此统一的张力性存在和互动关系，有利于在教学过程中促使共产主义理想信念更加深入地走进人心、走向未来，将新时代中国特色社会主义推向更高水平，将中国式现代化道路和人类文明新形态带入新的高度，向共产主义奋力前进。

第六章

共产主义理想信念教育的教学进路

加强共产主义理想信念教育除了从理论逻辑和实践支撑两个维度进行考察之外，还十分有必要从教学进路分析其发生发展过程。教学过程是学生获取和形成理想信念的直接接触过程，教学过程受到教学相关的多重技术性因素的影响，需要充分组织各种变量因素，构建有效的教学进路，实现教学效果最大化。有效的教学进路既受到现代信息技术的影响，也受到话语表达方式的影响，更受到教学推进体系的影响。需要辩证理性地运用现代信息技术，深入亲切地组织话语表达方式，协调一致地构建教学推进体系，充分发挥外在多重变量的交织辅助性功能，帮助学生深度进入共产主义理想信念的精神价值之中，孕育、沉淀、内化，培育时代新人。

第一节 掌控开放性、生动性、渗透性的
现代信息技术

现代信息技术是人类社会发展的重要成果，对教育具有革命性的影响，共产主义理想信念教育需要积极借鉴、充分利用现代信息技术，提高教学效果。2018 年 4 月，教育部出台《教育信息

化 2.0 行动计划》，指出要"发挥技术优势，变革传统模式，推进新技术与教育教学的深度融合"①，"形成新时代的教育新形态、新模式、新业态"②。充分利用现代信息技术的优势，促使共产主义理想信念教育教学深度推进。以计算机、互联网和多媒体为基础的现代信息技术具有极大的开放性、接近性和融合度，在虚拟与现实的双重空间，深度介入学生的学习生活，以多元化和个性化的方式影响学生观念世界的建构。可以充分利用现代信息技术，抢占网络教育和传播的微阵地，做到精准把控，拓宽教学渠道，延展和学生接触面，增强感染性和说服力，实现教学突破。

一　时空延展汇聚信息

以计算机、互联网和多媒体等为架构的现代信息技术，极大地改变乃至重组了人们的交往方式和生活学习方式，不仅突破了时空进入的界限，延伸了人与事物的接触面，拓宽了人的信息环境，而且改变着事物呈现自身和主体接受对象的方式，为以课堂为主体的教学方式和模式的变革提供了新的物质力量。

从传播方式来看，现代信息技术具有极大的开放性和集成性，信息获取表现出巨大的多元化和自由度。"一切技术都具有点金术的性质"③，现代信息技术所展现的时间无限性和空间延伸性，将过去、现在甚至未来都压缩到现在，将超出人的生物机体之外的远距离不在场事物纳入当下。这使人们不仅生活在现实的物理世界之中，也生活在穿透现实世界的信息世界之中。在某种程度上，基于一个 IP 就能获得一种接入的无限性和内容的丰富性。信息技术使学习和交流突破了原有的时空界限，为人类能动性的发

---

① 《教育部关于印发〈教育信息化 2.0 行动计划〉的通知》，2018 年 4 月 13 日。
② 《教育部关于印发〈教育信息化 2.0 行动计划〉的通知》，2018 年 4 月 13 日。
③ 埃里克·麦克卢汉、弗兰克·秦格龙：《麦克卢汉精粹》，何道宽译，南京大学出版社，2000，第 363 页。

挥开拓了新空间。生物机能对信息的储存和传播总是有限的（既是距离上、时间上的，也是容量上、形式上的），而现代信息技术则极大地扩展、延伸了人们与世界和时间的接触面。通过将不在场的或非当前的时空远距离事物进行信息化、符号化的处理，以脱域的方式，借助现代网络技术传递到人们的手边，把不同时空环境中的信息汇聚到特定当前。这大大超越了特定物理环境对人的信息获取的限制，超越了固定课堂的时空有限性，从而把超出个体生物机能，不能被自身器官所获得的信息，通过网络信息的形式带到课堂中，展现在学生眼前。这本质上是对人的生物性的超越，这种超越扩充了主体与世界的联系，构建起一种跨越时空、开放共享的教育和学习模式。

借助现代信息技术，可以建立各种情境仿真教室（虚拟教学）、智慧教室、翻转课堂、云课堂以及慕课、微课等新的教学组织形式和实现形式。各种知识和信息通过现代信息技术直接进入课堂，知识来源更加多样化，知识内容更加多元化，从而增大了课堂信息容量，为教师教学和学生学习提供了丰富的信息资源和全方位的信息支撑，提高了课堂效率。同时，现代信息技术的这种时空延展性可以被充分地运用于学生身上，无论是课堂上还是课后，可以有效收集和调查学生所面临的个体化疑问和多重困惑，以及兴趣聚焦点和相关话题，通过投票、点赞、表达观点等方式，提炼问题主题，归纳一般症结，有方向性和目标性地予以解答。教师不仅可以在课堂上为学生提供更丰富的知识，而且可以建立教学资源云平台，为学生课后学习提供资源支撑，形成课后共享学习空间。这种多元丰富的知识结构，使学生的探究性、自主性学习更充分。并且，在时效性分析上，教师能够及时跟进与共产主义理想信念相关的时事政治和理论前沿，对相关社会重大问题进行深刻科学的剖析，在第一时间给予认知解读和理论说明，以深化对现实的认识，拉近共产主义与时代的距离，对学生进行价值引导教育；而不是相反，教师在课堂上不能及时引导，等到课后，学生在无边无际、杂乱无章的信息海洋里迷失自我。教师不在第一时间做出解读，网络上会很快出现各种各样的说辞，学生很难进行科学判别。

进一步，当学生在面对共产主义理解的某个难题而无法从单一解答中获得理解的时候，可以从不同地域、国家或民族的历史及现实中寻求相关问题的呈现形式和解读方式，跳出特定的地方化思维逻辑，获得一种全面辩证的理解。人在这个过程中，走出了原有的思维逻辑和环境限制，在一个更大的世界中理解事情的变化发展过程，理解事物多样性及其背后的逻辑，在这种不同中激发出理性反思，挖掘其内在的线索。"我们在根据经验去捕捉美好瞬间的时候，心灵会不断产生新的发现。"[1] 在这种对世界的广泛接触中，学生也能够更清楚地定位自身在世界中的存在，理解人类社会的变迁与自身命运的关系。在这个过程中，不仅知识变得更加清晰、丰富，心灵也越来越敞亮、博大和充实，学生从狭小的地方性和狭隘观念中走出来，在理解世界的同时，也把世界收回来，获得一个更加宽广的世界。总体而言，互联网等现代信息技术为学生打开了一个更广阔的世界，在这个更大的世界中理解共产主义的实际进程，感受共产主义作为时代巨浪中的个体生命映射和选择，达到情感共鸣和价值内化。

二　现代视听增强感染

习近平总书记在全国高校思想政治工作会议上强调："要运用新媒体新技术使工作活起来，推动思想政治工作传统优势同信息技术高度融合，增强时代感和吸引力。"[2] 从接受方式来看，以

---

[1]　赵焱：《走向人工智能化时代的高校思政课教育》，《高教论坛》2018 年第 1 期。
[2]　《习近平谈治国理政》第 2 卷，外文出版社，2017，第 378 页。

多媒体为主的现代视听技术具有生动性、直观性等特点，能够为共产主义理想信念教育教学提供具有鲜明情境化和感染力的直观信息形式。

相比而言，文本文字主要是一种冷媒介，对情感的激起作用相对有限，距离学生个人的体验相对较远。而多媒体是一种热媒介，多媒体通过 VR 技术或视听技术，进行仿真实验或构建情境场景，对感官刺激更为丰富。它能够积极主动地同时调动视听等多种感官的参与，通过情境化来构建非纯粹的语言描述，形象生动，激发积极、活跃气氛，突破时空隔阂，获得逼真体验。逼真再现过去的历史情境和人生境遇，恢复和还原历史在当时的状况，能够拉近生命的体验距离，给人一种真实的生命处境感、心路历程感和思考选择，从而引情入理，获得理解和感悟。多媒体具有进入课程快，切入内容轻松，自然而然、循环渐进的课堂功能，从而能够激发学生的学习兴趣和主动性，启迪学生在个人情感充分进入的状态中，真实地思考问题，在带着自我选择的状态中做出选择。原本通过文字表达和语言阐释来激发情感、启迪思维，现在借助多媒体所引起的动画视觉和音效听觉，可以获得更大的效果，从而利于学生的直观感受和心灵体验，弥补语言传达的不足，使学生在潜移默化中获得情感共鸣和价值浸润。而且，多媒体既能够彰显强烈的时代性、现实性和生活感，又能够展现切近的历史在场感，全方位扫描微观个体与宏大社会结构之间的互动碰撞。它把历史问题和时代选择以个体实际生活的方式展现出来，引发学生的深沉思考和冷静判断。

大致来看，以多媒体为主要方式的现代视听技术，可以在知识理解和价值感悟两个维度促进共产主义理想信念教育的实现。共产主义理想信念既是一种社会理想，一种社会理论和实践知识积累，也是一种价值信念，一种价值向往和情感浓缩。

首先，从社会理论和实践知识角度看，某种程度上，共产主义的许多知识内容具有宏大性和抽象性，比如共产主义超长实践跨度的社会历史进程，共产主义在思想、运动和制度层面的演变，等等。这些宏观性、大容量知识通过传统文本文字和语言阐释并不一定能够清晰明了地呈现出来，而通过多媒体视听方式来表达，则会更加形象生动、直观鲜活，增强教授内容的清晰度和感染力，使学生对抽象知识内容更容易理解。多媒体教学可以以宏大叙事的方式将历史主题的变迁鲜明地铺陈展开，将个人奋斗历程所映射的社会样态直观地呈现出来，使学生充分理解共产主义作为人类理想追求和价值信念的历史逻辑和现实进程。社会展现和个人选择交相呼应，一目了然，清晰可见，抽象宏大的知识获得了一种与主体非排斥性的呈现方式。

其次，从价值向往和情感浓缩的角度看，多媒体视听则具有情感调动和价值体验的积极效果，使学生更容易获得对共产主义的一种情感进入和生命体悟。一般而言，在教、学、育三者的关系中，学生理想信念往往是在教师教的基础上，通过其自身的学习领悟孕育出来的，而不是直接教出来的，不是直接通过知识传达和记忆背诵就能够完成的。教是外在的、间接性的，学和育作为引入，是内在的、情感精神性的。内在的情感精神只能培育出来，而无法直接教出来。这里的"育"一方面是通过引导、说明、共情，以情理交融的方式，不断浸润；另一方面是通过学生的自我体验、反思、体悟来最终完成。价值的获得与沉淀往往需要心灵的真实参与、情感的真实在场。而多媒体教学的合理运用恰恰能够为之创造强有力的牵引作用，提供情境化、形象化、体验性的学习方式，由情入理，切近深入。多媒体为学生构建起一个图文并茂、视听俱佳的形象化学习环境，这种形象化、情境化的学习环境以极大的支撑力构建起了一种生命融入的感受和思考，以及人生实际的践行选择过程，而不只是作为远距离的旁观者，甚至是在事不关己、无所谓的心态中，轻飘飘地乃至戏谑式地做出评判。多媒体技术拉近了人基于真实生存实践的可能性选择，为社会实践和个人选择创造一种非外在的生存情境，从而避免对时代问题的理解进入虚无主义和相对主义的认知陷阱中——这种认知产生的原因之一正是在于以一种旁观者而非实践者的姿态，以一种没有利害关系的心态，在缺失社会生活的参照中来理解、评价、判断一种理论、价值或选择。多媒体有效地克服了这种局限性。

三　深度激发走向内心

从技术效果的角度来看，现代信息技术辅助共产主义理想信念教育，无论就其传播方式还是接受方式而言，都是为了充分发挥现代信息技术之于理想信念教育的支持作用，最大限度地规避其造成的可能性冲击。技术是一把双刃剑，技术具有极大的延伸和激发作用，但这种延伸和激发也很容易走向碎片化、相对性、娱乐化和浅薄低俗。需要科学定位现代信息技术在理想信念教育过程中的性质和地位，最大限度地激发技术的正向效果，与教学目标相向而行，从而深度切入共产主义理想信念，使其真正内化为学生的内心选择和精神自觉，而不是单纯注重外在技术变量的辅助性影响，脱离共产主义理想信念的本真内涵和基本问题，使得教学手段与教学内容相分离。

现代信息技术由于具有强大的时空延展性，叠加信息大爆炸和自媒体无限膨胀的时代潮流，所形成的信息环境，大大拓宽了课堂信息（包括课外学习信息）的接入通道，增加了信息内容的多元化及其容量。在互联网的使用过程中，学生往往比老师更加主动和好奇，更喜欢在网上搜寻信息，在某些方面获得的信息量可能比老师大得多，渠道也会更广。这些信息过度推送，常常具有碎片化、快餐化、多元化、杂乱性以及娱乐化和真假难辨的特征。现代信息技术带来的不再是信息稀缺问题，而是如何在信息爆炸的环境中，梳理碎片化、快餐化的知识。信息来源的多元化，信息量的迅速膨大，多元文化价值的互相交融，对学生价值观产生了直接的影响。现代信息技术使学生获取信息更加便利，但在海量的信息中，学生的知识更加浅显和碎片化，价值情感也受到娱乐化、功利化的侵蚀和挑战，学生在信息的海洋中变得更加不确定和盲目躁动，造成无所适从的迷惘，难以形成精神自觉和理性思考能力。理想信念教学需要关注网络信息对学生造成的可能影响，需要关注现代社会多元化、大容量的信息铺成，各种思潮跌宕起伏以及传播方式声乐俱欢，对主导价值观形成了可能冲击。在充分利用计算机、网络、多媒体信息技术的同时，也应该对其可能限度保持应有的自觉，考察信息自主可能产生的负面抵消效应。

这需要教师从三个方面对现代信息技术进行有目标的利用引导，使其与共产主义理想信念的内容激发、内化于心协调一致。

一是在课堂教学过程中，挑选科学正确的信息辅助理想信念教育，形成正向的作用力，促进而不是解构理想信念。现代信息技术作为"没有灵魂的技术手段"作用于具有能动性的人，如何运用这一手段以及这一手段将会发挥何种作用，不仅取决于现代信息技术的水平，更取决于具有能动性的人对现代信息技术所秉持的态度。时空延展所形成的信息的开放性并不意味着信息的无序性，课堂对信息需要进行精心的挑选，有目标和针对性地设计与使用，而不是求多求全，造成信息琐碎、材料堆积，以致课堂上切换过快，缺乏思想、情感和逻辑的内在连贯性和契合度，由"人灌"变成了"机灌"，没有侧重点和锋刃指向。同时，在面对社会问题和网络热点的时候，教师需要在信息充足的条件下，做出令人信服的分析，给予理论解读和价值引导。否则，纯粹空洞的理论讲授，无法落入现实，很难对学生有说服力。

二是引导学生增强理性辨识能力，培育正确价值观念，从而能够在课后的信息海洋中明辨是非，在多元化的价值观念中，不迷失共产主义方向和自我。"如何把信息爆炸环境下获得的碎片化、快餐化的阅读获取的知识上升到由表及里的综合分析，提到整合锤炼判断力、思辨力、审美力的高度，还需要教育者和传授者的点化与引导。"① 大学生处于价值观、人生观孕育确定的关键时期，如果没有科学的价值观念的引导，没有对自我形成确定性的理解，那么很容易在受到外界信息冲击的过程中，丧失自我，走向歧途。"多项选择的困境大多源于个体对自身的无把握、无确定、无了解，也源于外界或他人的干扰与诱惑。接受外在信息愈多，因自身成长无法速成而难以消化的问题就愈突出。"② 越是信息爆炸的时代，越需要价值观的引导；接受的信息越多，面对的问题越多，生命成长中难以消化的问题也就越多。在这个过程中，需要培养学生的独立判断能力，引导学生利用现代信息技术带来的学习优势，发挥技术的正向作用。针对互联网的这种开放性和感染性，教导学生在自主学习中学会甄别运用，在多元信息的自主选择中，判断相关信息之于共产主义理想信念的科学性、合理性，自然而然地领会共产主义的精神价值魅力。这是在互联网环境中，基于课堂价值培养之外的非课堂自主性锻炼，在自主选择和理性辨别中潜移默化地融入共产主义理想信念。

三是合理利用多媒体的情境化激发作用，避免片面追求音乐特效，强调花哨的动画，忽视共产主义理想信念教育教学对头脑的训练和心灵的滋润作用，走向娱乐化和低俗化，违背育人宗旨。需要特别注意多媒体在活跃气氛、切入内容过程中的限度和方向。有时为了调动气氛，激发学生兴趣，老师过度依赖娱乐化、搞笑的视听文件，在给课堂带来轻松的同时，却使课堂越来

---

① 赵焱：《走向人工智能化时代的高校思政课教育》，《高教论坛》2018 年第 1 期。
② 赵焱：《走向人工智能化时代的高校思政课教育》，《高教论坛》2018 年第 1 期。

越走向娱乐化、庸俗化。课堂教学过度倚重技术手段的表象作用，注意力陷入技术的华丽之上，在热闹与炫目中，造成学生思维和视野过度沉迷、局限于技术景观，进而抱持一种消遣化、娱乐化、搞笑式的心态，无法冷静下来进入思考的深层。学生对图片、声乐、视频要素充满热情，对需要思考的挑战性话题、理论性问题则不感兴趣、迟疑踟蹰、匆匆而过，"兴趣点、关注度容易从需要深入思考的挑战性话题迁移到短平快的阐释性论述"①。在目不暇接的观望中习惯、依赖轻松的内容，浅尝辄止，真实的情感价值体验和理性的思考辨别被表面的快乐活跃气氛掩盖。沉溺于技术景观，不能深入表象背后激发学生的思考，遮蔽了思想的活力，没有真正释放共产主义理想信念教育应有内涵，个体也没有得到真正的情感孕育、价值形塑和思考训练。多媒体情境化在切入、感染之后，往往需要更进一步的引导、启迪，若在感染、激发学生思考之后不做进一步引导、启迪，学生的思维和情感就会向四面八方发散延伸，没有方向和标准，没有对错与曲直，在即刻的满足和迅速的情感回应之后，变得茫然和空虚。同时，多媒体设计需要从学生的实际理解程度和拓展方向出发，防止教学流程、教学环节过于程式化，程式化的设计与课堂流程往往导致学生成为流程的附庸，只能被动接受，压制了学生的主动性和积极性。并且，要避免多媒体教学时间过长、互动过少、解读过弱等问题，防止把上课简化为播放视频和观看视频。

"所以，信息技术与思想政治理论课的深度融合，不是信息技术与课程的简单叠加或粗糙应用，而是要求信息技术的服务功能和应用功能要致力于思想政治理论课教学目的的呈现。"② 理想

---

① 赵庆寺：《现代信息技术与高校思政课深度融合的异化及其超越》，《学术论坛》2018 年第 5 期。

② 赵庆寺：《现代信息技术与高校思政课深度融合的异化及其超越》，《学术论坛》2018 年第 5 期。

信念教育是知识传授、情感培育和信仰孕育的有机统一，不仅具有科学性，而且具有较强的价值意识形态性，基于理性思考的价值观念和情感精神的培养，是教学的主要目标。教学的内容既是对海量知识信息的甄别、判断和传递，也是对价值和情感的引领与启迪。借助现代信息技术彰显共产主义理想信念的理论魅力，传递给学生，感悟领会，使理想信念内化、沉淀，浸润到生命实践的自觉之中。

第二节　增强个体性、生活化、反思性的话语表达方式

在充分发挥现代信息技术对共产主义理想信念教育的辅助作用的同时，也应该增强语言教学的魅力。现代信息技术虽然具有高度的时空延展性，能够融会知识，浓缩古今，具有鲜明的情境性和生动性，能够增强鲜活性和感染力，在引导激发学生明辨是非、汲取精神力量方面发挥积极作用。但也应该注意到，现代信息技术最大的局限之一是缺乏积极有效的沟通，以机器为中介，切断了师生之间面对面的沟通、交流，特别是基于话语而形成的引导、启迪、碰撞和激发，大大弱化了事实追问的强度、理性辩论的深度以及情感教学和价值浸润的力度。理想信念教育是成人育人的教育，教育对象是鲜活的生命，是关涉人的教育和人的成长，具有"育"的突出特点。理想信念教育既是知识传授，也是价值观培育，客观性的知识传授可以借助现代信息技术最大限度地提炼和展现，但价值观的培育却往往需要师生面对面交流、引导、激发，通过对话、反馈、启迪、浸润，完成内化和感悟的过程。这个过程往往需要学生真实的心灵参与和内在感悟，在理解和重组中完成，而不是纯知识性的认识和记忆。储存和内化是两种形式、两个过程，前者主要立足于工具技能，知识使用，后者

主要立足于生命成长。著名教育家叶圣陶认为，"教育是农业，不是工业"，"教学过程其实是一种心灵的交流、性格的陶冶以及生命的碰撞"①，通过交流、探讨、倾听、诉说，点燃学生的情感、唤起学生的价值自觉，使学生领悟生命的价值和社会存在意义，从内在完成成长过程。

一　语言选择贴近个体

共产主义理想信念既是高远的理想，也是辽阔的信念，具有现实的超越性和价值的境界感，内在地具有集体主义精神和社会性的要义，常常呈现宏大、高远、抽象和整体的特征。这些特征在当前共产主义理想信念的实际教学中引起了一些问题，大致表现为当代学生主体对共产主义理想信念有一定的距离感，觉得它亲切感不足、温度不够，难以从学生个体的人生历程和生命体验之中来理解，进而入脑入心。这个现象的背后原因及其问题得失却需要分开来看，仔细分析。

从时代特征的转换来看，革命话语、苦难话语、国家的整体性话语以及崇高理想话语在当前理想信念教育中并非一帆风顺。自改革开放以来，近代社会的主体自觉和个人关注逐渐转变为普通大众的生活日常，社会动员主体的方式从革命年代的整体性动员逐渐转变为更加注重现代社会的个体能动性，激发个体的创造性、积极性成为汇聚社会动力的重要途径之一。时空压缩又极大地触发了当下的意义，把整个时空汇聚到此时此刻，过去和未来都可以纳入当下，无须回忆，不用等待，远距离的不可得变成了眼前的轻而易举，当下成为努力和问题解决的基点。人们更加注重当下的人生状态，对人生奋斗、成败得失、生活规划投入了极

---

① 丁西省：《运用信息技术有效推进高校教学改革》，《河南师范大学学报》（哲学社会科学版）2012 年第 6 期。

大的关注和热情，成为人们关注社会和世界的重要支点。在生命中遇到困惑，在人生中面临选择，在实践中举棋不定的时候，他们就特别期望被理解并获得价值支撑和意义说明。但宏大、整体性的价值结构，难以直接满足个体面对人生敞开之后的价值需要，难以进入个体生活和心灵世界，占据个人生命实践的价值意义空间。当关涉个体的微观化的人生选择和社会实践的价值空场逐渐出现的时候，即共产主义理想信念难以充分通过合理的话语呈现，表达出个体人生价值思索，有效满足学生这方面需要的时候，学生就会去寻找其他有关人生价值和精神信仰的学说，甚至会一头扎进去。传统的一元、宏大、抽象、斗争式的话语需要在新的时代中创新，进行有温度的，主体性、生活化、接地气的话语构建和组织阐释。

在这种情况下，是不是要将宏大、整体的价值信念转变为个体性的呢？并非如此。因为，从价值精神的本真来看，无论时代如何变化，共产主义理想信念所表达的集体性、社会性本质是不会变的，是一种文明的本真阐释，是对西方现代化启蒙的重构，需要继续深化和坚守。虽然在现实的表现层面，人以个体的方式显现，每个个体都是独一无二和自由自主的，但在内在的层面看，人以集体的方式存在，人的存在具有社会性。共产主义深刻洞见了人的存在方式的社会性与超个体性，个体生命是超出了个体之外的存在形式，生命实践和成长需要一种价值支撑。共产主义理想信念具有一种科学的人文主义精神，这种人文主义精神本质上是关注个体的，但这种关注与西方个体主义的关注方式不同，将其对个体的关注上升到一种社会群体和宏大结构的冷峻理性思考之中，客观描述人作为人超越个体自身的存在方式。这正是人的真实生活和真实存在，是对人的最为本质、现实和科学的观照。在此基础上，将人的发展实现从纯粹的个体性解放出来，提升到一种宏阔高远、自由超越的境界和人生视野。

这样基于个体超越性的人生分析和理论表达，却往往难以直接通过宣讲式的说教展现出来，被学生思考体悟。主体时刻处于社会的浪潮之中，个体总是具体的，面临着具体的情境，在具体情境中做相应的选择。人在生命的每一个阶段，都会面对复杂的情境，需要做出各种抉择。在学习共产主义理想信念的过程中，学生会发现，人世中不是只有自己要走的路，也有别人走过的路。别人在其人生处境中是如何想的、怎么选择的，处于怎样的情境之中，最终又表现出一种怎样的人生实践和价值追求，获得了怎样的实践智慧等，明白这些，会让个体的人生获得一种启迪和升华。对个人而言，这是一个领悟人生价值以及获得社会实践智慧的过程。个体人生价值的领悟以及社会实践智慧的获得往往是通过自我心灵参与和体悟反思，以内在化的方式和对生命的融入来完成的，是个体在对人生处境和社会选择的关注中实现的。共产主义理想信念以高阔的理论提炼了普通个体在特殊时代处境中所汇聚起来的共同选择和价值指向，在共产主义理想信念教育的过程中，学习这些鲜活生命在历史进程中的种种选择，实际上也是在观照自身的人生成长和生命实现，生命实践的逻辑与人生智慧往往是相通的。

但是，在理想信念教学过程中，常常缺乏一种拉近个体人生实践和生命体验的话语教学方式，缺乏基于真实个体和生活经历而阐发出来的实践智慧。更多的时候，它是基于工业化的知识生产、技能学习和操作记忆这种外在的工具化、功利性的知识学习，以现实直观的有用无用为判断标准。这往往不是一种贴近个人内在感悟、反思和智慧积累的语言输出和学习过程，而是基于一种知识和技能实践的外在储存、工具性的学习。

因此，这种提升需要通过教师以贴近个体的语言阐释来实现，这种个体化的阐释并不是对共产主义内在真理和精神的疏远，而是试图去建构一种更为适应的阐释方式。在时代转化中，需要通过贴近个体的阐释方式表达出来，慢慢进入，逐步提升，徐徐认识、感受这种生命境界和存在方式。防止出现"政治话语、主流话语遮蔽了个体话语、生活话语"① 的问题。这个过程本身也是一个价值视野、实践格局和人生智慧不断提升的过程，是一个孕育、培育、进步和升华的过程。在共产主义理想信念教育过程中，需要注重使用个体更感兴趣的语言和表达方式，使用更直观、具体和可感可亲的词语以及适度运用年度青年流行词语和网络词语等，辅助教学，以个体话语方式的建构切入，提升到一种人生境界和实践格局。增强共产主义理想信念教育，不断学以成人、立德树人、成为新人。

二　思维逻辑回归常识

共产主义理想信念是对近代几百年来人类生存处境和奋斗历程——既包含历史变迁的宏大趋势，也包含普通民众的人生选择——的高度概括和深度提炼，以最精练的语言，在有限的篇幅中总结展现共产主义的价值追求和实践探索，表现出比较抽象的理论化体系特征。并且，共产主义理想信念本身具有一种超越于现实生活的价值境界，超越性是其本质特性之一，反映了对现实发展的未来展望和整体变革，高阔而辽远。当这种以小篇幅、高浓缩的方式来表达大容量、超越性的理想信念的时候，就会给学生带来一种感受，即共产主义似乎有些远离现实、远离生活，虽光芒四射、神圣伟大，但有时可望而不可即。在此错觉中，让人感觉这种发自遥远的光芒，有一种不在场的冷峻和严肃，不食人间烟火，不关世间琐碎，陡增敬畏。当学生或教师从这个光芒点切入，将其作为一个观点、结论，甚至一个知识点直接给出来，而不是从现实生活及常识中展现其演变升华的过程及内在逻辑的

---

① 洪波：《思想政治教育话语范式转换研究》，浙江大学出版社，2012，第154页。

时候，伟岸神圣、高阔脱俗的价值境界和实践追求就会因其自身的光环，造成一种距离感和神圣感，进而认为共产主义理想信念虽然听起来很美妙，但是离现实生活较远，跟日常没有多大关系。最终，由于阐释逻辑和表达方式的不合理而限制了这种理论魅力的展开，学生也无法深入理解和领会共产主义的价值精神和实践智慧的魅力所在。

并且，如果在阐释的过程中不注重切近生活、关涉实际，不回归到一种常识中来讨论问题的话，就会很容易进入各种理论争论的相对性之中，游荡于其中，失去判断标准。纯粹为争论而争论，甚至为争论而不讲原则，无视现实，华而不实。最终对作为一种社会理论和社会价值的讨论，往往就会失去评价标准和价值坐标，陷入混乱之中。而在受到某些片面性观点冲击，或者在某种极致状况下进行主观表达的时候，这种情况就尤为突出。一旦进入这种观念、理论的偏执之中，就会用其获得的理论框架观察、解释周围一切现象，理论视角会被无限放大，难以从生活和常识中来思考问题的本真，更无法从常识中升华为共产主义理想信念，内化、沉淀为自我精神力量和社会实践的价值支撑。

所以，回归常识，是回到常人能够理解的现实和生活，回归到社会常识，理解社会发展与现实的变迁，对社会现象和实际生活有一种令人信服的说服力。通过这样一种思维逻辑和语言方式的表达（而不是在理论逻辑层面强硬论证，循环论证），把深邃的道理和高远的价值阐释出来，紧密地融入学生的生活日常和对社会的分析思考之中。共产主义并不是无关现实的神圣学说，它的光芒源于对现实的洞察和超越，这种超越立足于现实的常识性真理，起源于现实社会的变迁和个人命运的选择。共产主义是一种基于实实在在的现实性的超越性；是对普通大众和平凡个体现实渴望、实践选择、人生追求和社会理想的观察、分析、提炼和浓缩；是超越于现实和个体基础上的一种整体性思考和未来展望。因此，在阐释的过程中，思维逻辑回归常识，并不是对共产主义理想信念的背离，而是通过这样一种常识回归，去理解共产主义道不远人，真理之在场性的理论本质。

另外，回归常识也意味着理解常识，对常识慎重思考而非不屑一顾、一笔带过。共产主义理想信念中有许多大家习以为常的表达，比如"财产公有""集体主义""崇高理想""坚定信念"等，这些在共产主义理想信念教学中已经成为一种最为普通的常识性表达，从初中高中就已经烂熟于胸。但是我们不禁要追问，到了大学，这些看起来平常普通的观点，为什么却还要一遍又一遍地去重新学习理解呢？习以为常的观念，为什么在高等教育中仍需要郑重地去学习？是否因为学生的智商不行而需要反复强化呢？其实不然，这些习以为常的观念背后，藏着深刻的道理和思想，是千千万万人在社会历史变革中心路历程和曲折实践探索的概括。教师需要基于事实地对常识进行再理解和再阐释，突破教条的束缚，获得认知自觉并坚守如初，而不是从概念到概念、从原理到原理、从理论到理论，用文件解读文件。这种对常识的回归，不仅是要回归到共产主义理想信念中包含的诸多常识性观念和现象，而且是要回归到其他与共产主义理想信念相对的社会思潮和价值观念中，承认这些观念的存在，理解其产生的原因，剖析其可能的得失，用共产主义理想信念归导其发展方向。

三 阐释方式注重对比

信息化时代大大拉近了全球范围的距离，各种价值观念、社会思潮和意识形态都可以通过网络传播，超脱地域隔绝和物理限制，被送到人们的面前。学生自身也对外在世界和社会充满了好奇和新鲜感，往往不满足于单向的信息接收，积极接触各种信息，主动获取多元化的信息来源。信息爆炸时代不再是一个传统意义上的信息匮乏的时代，而是一个信息过剩甚至是失序的时代。各种信息都有自己的诉说内容和意识导向，特别是受西方话语方式的渗透和影响，如逆全球化、个人主义、消费主义、新自由主义等西方社会思潮，借助隐匿性话语方式进入学生的日常思考之中，对主导价值观造成巨大的挑战。没有一个强有力的主导价值观，对社会中出现的海量信息进行整合排序，各种信息就会相互竞争主体，争夺头脑和心灵，彼此冲撞，造成社会混乱和失序。而在现代开放性的信息环境中，又难以通过遮蔽或回避的方式弱化各种价值观念的传播和影响，并且这也是非科学明智之举。

那么在这样一种信息多元化的既定环境中，加强共产主义理想信念教育最有效的方式之一，就是要将各种价值观念和社会思潮明确的摆到面前，以实事求是的态度承认它们的存在，这本身并不会减损共产主义理想信念自身的魅力。要把这种魅力彰显出来，可以通过对比阐释的方式剖析各种社会思潮和价值观念在内涵、意义等方面的指向和差异，给予合理的评价和科学引导，在明辨是非和说理的基础上达到价值自觉和信仰自主的目的。

那么，审视反思，为什么同一个对象，不同的关联主体会产生不同的表达和认知，有时这种差异会如此之大，乃至导致冲突或对抗。那究竟哪一种表达是科学合理的，是普遍有效的呢？概念有能指和所指，事物有在场和不在场之分，从事实与概念的关系来看，概念的内涵是丰富的，同一个概念，不同的使用会有不同的意义侧重，而概念与概念之间常常又有许多内涵指向的重叠，有着千丝万缕的联系。那么，当把概念运用于事物本身的时候，如果在没有外在相关概念的干预情况下，单一地去表述一个事物，内涵可能会相对比较直观鲜明。但是当有多重概念对事物进行表述的时候，事物的内涵究竟是哪一种，就难以辨识，或许都有所包含，或许多包含得不根本。特别是这些概念之间带有鲜明的价值色彩和意识形态性，彼此发生竞争的时候，争夺对事物的控制权和解释权，并以此延伸出一种价值解读和意义呈现的时候，直接通过某个概念就难以直接明确地认知事物本身，继而造成认知上的模糊和不确定。而在极端的情况下，甚至会否认其中任何一种表述，走向虚无与相对，造成思维上的混乱。

只有把这种差异的事实性本质说清楚，把道理讲明白，把这种差异明明白白地摆在学生面前，通过对比进行有说服力的阐释后，学生才会更加信服，更加自觉地坚守。否则，直接回避、遮蔽或简单否定这些不同，采取宣讲式、命令式、不容置疑的说教的方式，灌输给学生正确的价值观，学生可能当作知识记住了，储存了，但往往并不能造成学生的自觉和内化。说服与被说服是一种偏向强硬的说教，它是针对学生的一种直接宣传，而不是针对事实进行的说理基础上的学生价值观念和理想信念的自我蜕变与孕育。直接的宣传说教与直接的事实性分析是两种阐释路径，后者是立足于说理基础上的价值培育过程，说理是外在引导，价值孕育是内在自我生成，是内化的过程，而不以说理为基础的直接的强硬说教并不能令人信服。"对比"是辅助学生用心甄别，自觉选择，最终内化和坚守的方式，是说理基础上的信仰。

"对比"作为一种技巧和方式的好处是，能够直接地将两者的不同和差异凸显出来，以此区别彼此，在这种差异对比和区分中，更加准确地直接进入事物的本质内涵，直指事物核心要义、基本精神，清除模糊和非本质性杂糅及雷同。

那么，如何对比，或者说对比什么？一般而言，一种信息或表述大致由两个部分构成，一个是事实性描述，一个是价值性评判。事实性描述主要是客观的分析、描述一个对象的要素、性质、运转及特征等，往往具有价值中立和工具性特征。而价值性评判则更多地与价值观念的偏向有关，这种偏向对事物做出一种引导，最终形成一种心理导向和行为导向，西方意识形态在与主导意识形态的碰撞中就尤其具有这样的特征。因此，在进行对比分析的时候，较为合理的方式是从这两个方面进行。事实性的描述就与事实性的描述比对，考察哪种表述更接近对象本身，更精确科学，更能够得到知识，而不是用价值性评价比对事实性描述，用主观臆断否定知识获得，造成盲目肯定或盲目否定的结果。而价值评判就与价值评判进行对比研究，分析哪种评判更具有文明的导向性和公共性，而不是出于对某些特殊利益和权力的有意识的维护和话语遮掩。这种对比方式尤其针对来自西方的各种事实性或观念性的信息，在开放交流中既能够获得精华，汲取全世界文明成果，又能够将西方意识形态的沉渣过滤掉，坚持自身的价值评判和文明导向。在共产主义理想信念教育过程中，与各种社会理想、社会思潮、价值观念进行对比研究，有利于揭示共产主义的真理科学性和价值文明性。

第三节　构建多元化、立体化、整体性的教学推进体系

理想信念教育关涉学生道德价值和情感精神的认同、孕育和内化过程，而情感价值的内化过程及其完成具有一致性与全面性的特点，它是关于人获得一个统一的内在世界的过程。这个具有统一性的内在主观世界的形成与外在现实实践和日常行为方式有着密切的关系，与学生生活学习接触面的全员要素发生关系。这使得教学过程实际上是一个体系化的推进过程——不仅需要课堂教师的参与，更需要课外各类接触对象的参与，教学主体具有多元化；不仅需要充分的理论阐释说明，更需要有力的实践引导感染，教学过程存在知行合一的立体化特性；不仅需要课堂思政教学，更需要课程思政教学、实践教学、现场教学、网络教学等，教学模式具有整体性特征。

一 多元化的教学主体

理想信念教育是做人的工作的教育，是从内在世界发起的对一个人世界观、人生观和价值观的培育，而这些道德价值及精神情感的培育是个体基于自身的理解、体会、感悟和反思的沉淀、内化过程，这个过程往往需要与生命一同融入才能实现。这不是一个记忆过程，而是一个孕育过程，是对生命自觉地组织、重构和升华的过程。学生的道德学习、情感发展、品德修养，不是单纯的知识传授就能解决的，转识虽然能成智，但成智也是需要面对面的交流、探讨、激发和启迪，才能最终孕育出来。理想信念教育不同于一般的专业课教育，价值观念和精神情感的形成是整个生活环境条件中，在内在层面一并推进的。知识可以分割，价值不能分割，知识可以一点点地讲解，分成不同的相对独立的微小视频，学到了就掌握了。而价值情感教育需要在交流中进行，不断地进行情感交流、反思和讨论，在内在层面，价值往往有一个不断叠加深化理解和感悟的过程。如果说知识是向宽度扩展，那么价值则往往是向深度内化。

这样一个发生在人的内在世界的过程决定了共产主义理想信念教育具有综合性、有机性特征。共产主义关涉到学生整个人生观、价值观和世界观的形塑及确立，是思想价值和理想信念培育的内在根据之一。这些根本价值观念的形成是一个综合推进和有机重构的过程，并非彼此分离、机械深入、单向导入。价值观念形成具有整体性，与人的整个成长过程紧密联系在一起，内在心灵的成长之路在真实的生活经历中逐渐形成。学生作为一个完整的人格主体，是一种总体性和综合性的存在，理想信念及其思想道德价值体系的形成是每一次体悟和反思的互动合成、内在统一。这些品质的培育也不仅仅是课堂 45 分钟就能够完成的，它与学生整个的学习、生活、实践、交往等各个环节息息相关。学生的道德感受、价值体会、思想认知、人生反思等渗透到生活的方方面面。学习生活中、实践交往中，学生会和许多人碰面，会参与到很多事情之中，无处不在的人际接触，潜移默化的观念碰撞，形塑着他们的主观世界和价值认知。

在这个过程中，学生的所思所想、所见所闻，某一次偶然的经历，某一段特殊的感悟，都有可能成为学生整个思想观念转变的关键节点，影响整个德育的形塑效果，而这种转折点又是难以预测却可能随时发生。甚至，有时候持续已久、积累多时的价值观念的生成，会由于某一次偶然而刻骨铭心的事件经历或交流沟通而中断，造成深刻的思想转变，改变了之前的价值认知，造成内在世界的混乱，功亏一篑，前功尽弃。这种偶然性的关键时刻，并不一定就发生在课堂，或者发生在学校与教师的交流中，也可能发生在课外日常学习实践的某个方面。特别是当学生在日常学习实践中，内在世界处于真实的回归状态，毫无戒备的情况下，就更容易发生转变。并且，与传统的部门化、学科化的教育不同，理想信念教育具有总体引导，最终形成的特点，需要一种总体性的原则来进行引导。理想信念的某一方面出了问题，出现了对其自身价值观念否定的情况，就有可能在整体上阻碍健康的世界观、价值观的构建，影响主体的价值认知，进而走向歧途。

同时，理想信念教育是做人的工作，对人的内在世界的形塑和培育，实现价值观念和思想认识的转变，在根本上是一个说理的过程。科学的理想信念是建立在对共产主义真理理性认知和反思自觉的基础上的。2022 年 4 月 25 日，习近平总书记在中国人民大学考察时指出："思政课的本质是讲道理，要注重方式方法，把道理讲深、讲透、讲活。"① 只有把道理讲深、讲透、讲活，才

---

① 《习近平在中国人民大学考察时强调　坚持党的领导传承红色基因扎根中国大地走出一条建设中国特色世界一流大学新路》，《人民日报》2022 年 4 月 26 日。

会达到理想树立和信念形成的目的。而这个理是关于社会生活的大"理",是人类社会的天道之自然,遍布在社会生活的方方面面、各行各业之中。

因此,当对这些道理进行阐述,以契合理想信念形成所具有的综合性、有机性特征的时候,不仅需要教师的引导,而且也要校外课余的不同人群来引导。学生的人际交往和生活接触面会超出与教师的接触范围,与其他的人群产生交集,这就需要除教师以外的学校领导、辅导员、行政管理人员的全面参与,社会实践中,也需要各级政府、企事业单位或各领域模范的积极引导。这些人员构成了大学生日常学习和实践接触面上的主要交流对象,其所想所思所言会对大学生产生实际的影响,影响到他们的社会道德价值和行为方式,最终影响他们理想信念的建构培育的全过程。同时,可以聘请优秀地方党政领导干部、企事业单位管理专家、社科理论界专家、各行各业先进模范等,从不同的视角和领域阐释分析对共产主义理想信念的理解和认识,扩宽加深理想信念教育的培育路径。因此,共产主义理想信念教育要从总体上抓起来,需要多元化的主体参与其中,覆盖学生生活实践接触面的主要人员,协同引导,共同推进,形成合力。

二 立体化的教学过程

理想信念教育及孕育过程不仅具有综合性、有机性特征,而且具有感染性、示范性特征。正是由于理想信念教育是一个基于自身的理解、体会、感悟和反思的沉淀、内化过程,是同生命实践一同孕育出来的,这个过程不是通过简单的说教和记忆就能够完成的,往往是通过在现实的实践感悟中生发出一种强烈的情感认同和价值体验而最终触及的。这就使得理想信念教育这样一个关涉道德价值和情感精神的培育过程与现实中人们的实践方式、行为方式产生密切关系,深刻地受到行为示范的影响,怎么做是问题的关键之一。

　　理想信念教育在某种程度上也是一种德育，是立德树人的过程，共产主义理想信念包含了丰富的价值、道德及知识，是立德树人的重要内容。而"德育"在本质上是一种实践教育，是通过人们现实的为人处世展现出来的，在日常实践的基础上给人以潜移默化的影响，形塑着人们整个道德价值观的构建方向和总体特征。"德育"虽然有其自身的理论表达体系，但"德育"不能只停留在道德说教的层次，空洞的道德说教远远不能深入道德教育的全部内容，更重要的是，要发挥道德的实践感染引导作用。道德文化品质的形塑只有融入现实的举手投足、为人处世之中，融入面对面的日常交往和工作劳动之中，才能彰显其巨大的生命力量，才能生发出强有力的说服力，直抵内心，形成情感导向和价值感染。感染一个人需要全体教育工作者的言传身教、以身作则，这不仅仅要在课堂上，更要在日常生活中的每一个环节做到心与心的交流，感同身受的引导，在日常生活和工作交往中践行这种信念，展现这种力量。感染一个人，要在他最真实存在的时候，用不折不扣的行动感染他，触动他的心灵，震撼他的精神。在他最真实的状态中，以身体力行来践行德行一致，在德行一致中铸就刚毅不屈的道德品质。相反，如果某一种行为，某一个环节表里不一，知行不一，当面对着学生讲的与后来实际做的完全不一样，不仅起不到教育人的作用，反而会造成恶劣的认知后果，共产主义理想信念与教师的师德人品都会双双受到质疑，与德育初衷背道而驰。所谓"亲其师信其道"，包括教师在内的学校教育的多元主体，都应该是自身道德品行过硬，人格魅力突出，用强大的道德品行和人格魅力去感染学生，让学生诚心实意地领会这种理想信念的内在价值精神感染力。

　　所以，共产主义理想信念教育尤其需要有一个知行合一的立体化教育过程。这种立体化教育过程将语言所表达的内涵以实践所展示的样子证明出来，在知的主观层面做到理解、认同、感受的同时，能够从行的现实层面做到遵守、自觉和内化，在内在世界和外在世界两个层面构建出一个立体的、真实的教育过程。人们总是生活在内在世界和外在世界两个世界之中，既有内在的心灵感受和情感体验，也有外在的行为方式和为人处世，两者构成真实的生活状态。人在这两重世界中是一个立体化的存在，内心的情感波动和价值自觉往往是基于外在实际的现实境遇。价值观的形成更依赖于实践过程的真切感受和体悟，生命实践是价值观实际构建的真实场域。如果共产主义理想信念在现实中有意无意地被人们排斥，不能深刻地坚信和自觉地践行，无论在课堂上说多少遍，被多少人反复阐释，也无法达到教育效果。对共产主义理想信念所包含的道德价值和情感精神的体悟与践行是本质统一的，它是显现在两个维度的同一个事件，是一个立体化的共振过程，两者的分离和相悖会造成理想信念的混乱。

三　整体性的教学模式

2022 年 7 月 25 日，教育部等十部门印发《全面推进"大思政课"建设的工作方案》的通知，通知强调："坚持开门办思政课，强化问题意识、突出实践导向，充分调动全社会力量和资源，建设'大课堂'、搭建'大平台'、建好'大师资'，建设全国高校思政课教研系统，建设一批实践教学基地，支持建设综合改革试验区，推动思政小课堂与社会大课堂相结合，推动各类课程与思政课同向同行。"[①] 这突出了思政课教学不是孤立的课堂教育和时段教育，而是需要构建一种整体性的教学模式，协调各方力量，创造各类渠道，覆盖多重时段，融入多种形式，有机结

---

① 教育部等十部门：《教育部等十部门关于印发〈全面推进"大思政课"建设的工作方案〉的通知》，2022 年 2 月 25 日。

合、整体推进。早在 2016 年 12 月 7 日，习近平总书记在全国高校思想政治工作会议上强调："要坚持把立德树人作为中心环节，把思想政治工作贯穿教育教学全过程，实现全程育人、全方位育人，努力开创我国高等教育事业发展新局面。"① "三全育人"的教育构想开始形成。2017 年 2 月 27 日，中共中央、国务院印发的《关于加强和改进新形势下高校思想政治工作的意见》指出："坚持全员全过程全方位育人。把思想价值引领贯穿教育教学全过程和各环节，形成教书育人、科研育人、实践育人、管理育人、服务育人、文化育人、组织育人长效机制。"② 再一次明确和细化了"三全育人"的内容和形式。

　　无论是"大思政课"还是"三全育人"，都有一个共同的指向，就是思政课教学要超出思政课本身，对理想信念教育要超出孤立视角，上升到整体性思维，构建整体性教学模式。毕竟，思想价值观念并不像纯粹知识那么具有章节性、分离性和独立性，而是学生沉浸于现实全方位的境遇中整体形成的。共产主义理想信念教育是思政课教学的重要内容，同样需要构建一种整体性的教学模式。承担共产主义理想信念教育的思想政治理论课，是理想信念教育的主渠道，但不是唯一的渠道，许多其他方式影响着共产主义理想信念的形成。

　　构建整体性的教学模式，从纵向来看，一方面需要推进"大中小思政课一体化"，"要把统筹推进大中小学思政课一体化建设作为一项重要工程，推动思政课建设内涵式发展"③。合理安排共产主义理想信念教育在各个学习阶段的内容分布、难易程度、教学目标和教学形式，有机配合、循序渐进。在人生成长的各个年

① 《习近平谈治国理政》第 2 卷，外文出版社，2017，第 376 页。
② 《中共中央国务院印发〈关于加强和改进新形势下高校思想政治工作的意见〉》，《社会主义论坛》2017 年第 3 期。
③ 《习近平谈治国理政》第 3 卷，外文出版社，2020，第 331～332 页。

龄阶段提供价值关怀和信念滋润，和生命展开一同成长，孕育生命坚韧有力、境界高远。另一方面，要将线上教学与线下教学、正式教学与非正式教学紧密结合起来。比如充分利用现代信息技术，推动国家智慧教育平台建设，建设网上教学案例库，打造教学重难点问题库，建设教学素材库，开放在线示范课程库，开发内容丰富的视听资源，开发虚拟仿真教学资源等；搭建大资源平台，网络支持系统，自主学习系统以及资源开发系统，打造网络教育宣传云平台，举办"同上一堂思政大课"活动等；积极参与中央和地方主流媒体时政、政论活动，宣讲普及栏目等。从而可以通过多种渠道和形式的网络教学与教育方式，深化理想信念教育。并且，可以通过微信、QQ、微博、微信等工具，进行线上课下个别探讨交流，帮助学生分析日常生活学习交际中的诸种困惑、不解和迷茫，引导价值形塑方向和定型，使教育更具针对性和深刻性。

从横向来看，一方面，"使各类课程与思想政治理论课同向同行，形成协同效应"①。充分发挥思想政治理论课以外的课程教学资源。专业课并不完全是纯粹的知识体系，专业课所包含的知识体系是作为主体的人通过实实在在的现实实践探索出来的。在探索的过程中，这些人有血有肉、有思想有感悟、有心境有态度，这些都渗透于知识生成的过程中，对于教导学生树立科学的人生理想、智慧的人生信念具有积极影响，知识学习的过程同样是育人成人的过程。另一方面，"充分发挥课堂以外的教学资源，拓展社会教育资源和实践教育渠道"②。将课堂教学与实践教学、现场教学结合起来，从学校小课堂到社会大课堂拓展和延伸，让共产主义理想信念教育与现实融合，与实践互动，与时代同频共

---

① 《习近平谈治国理政》第 2 卷，外文出版社，2017，第 378 页。
② 教育部等十部门：《教育部等十部门关于印发〈全面推进"大思政课"建设的工作方案〉的通知》，2022 年 2 月 25 日。

振，形成协同效应，巩固理想信念教学成效。如开拓实践教学基地，"利用现有基地（场馆），分专题设立一批大思政课实践教学基地"①。发挥现场教学、实践教学的优势。利用革命博物馆、纪念馆、党史馆、烈士陵园等红色资源进行实践教学，开展志愿服务、理论宣讲、社会调研、主题活动等。最终通过纵向、横向的资源组织和渠道开拓，相互协同，整体推进，密切配合，构建共产主义理想信念教育整体性的教学模式。

① 教育部等十部门：《教育部等十部门关于印发〈全面推进"大思政课"建设的工作方案〉的通知》，2022 年 2 月 25 日。

结语

坚定理想信念　培育时代新人

习近平总书记指出："要在坚定理想信念上下功夫，教育引导学生树立共产主义远大理想和中国特色社会主义共同理想。"[①]共产主义理想信念彰显了社会发展的文明高度和个体生命的境界韧性，是社会道路和个体拼搏的统一。共产主义理想信念从总体和根本的层面反映了一个人的精神状态、主体品格和实践境界，在宏观和微观的双重向度上，为人们提供奋发向上、坚韧不拔和不断超越的内在动力，具有人的社会实践的方向性和生命价值的向上性。坚定理想信念，能够从人的内在世界打开更为宽广的价值视野和生命空间，激发出人之为人、人作为社会性存在的蓬勃创造力和生命展现形式，释放"自由的自觉的"本质力量，给予人的实践和生命创造一个总体方向和意义呈现，使人在合目的性与合规律性中奋斗不息。这种奋斗精神在根本上已然超出了单纯的个体性，获得了其时代形式，转化为一种时代关注和使命精神。"青年一代的理想信念、精神状态、综合素质，是一个国家发展活力的重要体现，也是一个国家核心竞争力的重要因素。"[②]

[①] 《习近平在全国教育大会上强调　坚持中国特色社会主义教育发展道路 培养德智体美劳全面发展的社会主义建设者和接班人》，《人民日报》2018 年 9 月 11 日。

[②] 《习近平关于青少年和共青团工作论述摘编》，中央文献出版社，2017，第 9 页。

青年有信仰，时代有新人，共产主义伟大事业就会有希望。

一　培育超越个体性的使命精神

2019 年 3 月 22 日，习近平主席访问意大利期间，在回答意大利众议长菲科提问时说："这么大一个国家，责任非常重、工作非常艰巨。我将无我，不负人民。我愿意做到一个'无我'的状态，为中国的发展奉献自己。"① 此番讲话沉稳有力、饱含深情而令人敬佩，表达了为人民的幸福生活，无私、无畏、无愧的大业追求和奉献精神。习近平总书记的这番话也为青年学生的人生追求和事业奋进树立了标杆，"要以国家富强、人民幸福为己任，胸怀理想、志存高远，投身中国特色社会主义伟大实践，并为之终生奋斗"②。要有共产主义理想信念和大我追求，要有无我精神和境界，立大德、成新人。

人是社会关系的总和，对于每一个人而言，自己总是人民的一部分，人民也是自己生活的一部分。"只有把人生理想融入国家和民族的事业中，才能最终成就一番事业。"③ 当一个人的舞台越大的时候，格局也会越大，格局越大的时候，境界也会越高。而当一个人的舞台足够大时，他的人生剖面也就越开阔，个体生活关联到的人和事也就越多，个人奋斗所影响到的群体也会越大。如果努力成就一番大业，那么与这份事业相关的人的生活改变也更大，他带给别人的快乐和幸福也就越多。这时的个人，不仅仅活在自我的生活里，自己的生命也影响、延伸到别人的生命中，走进了别人的生活和心田，活在了人民的生活中，获得了人民的信任和敬佩。在这个过程中，自己逐渐获得了生命的境界和

① 《习近平谈治国理政》第 3 卷，外文出版社，2020，第 144 页。
② 习近平：《在知识分子、劳动模范、青年代表座谈会上的讲话》，人民出版社，2016，第 11 页。
③ 《习近平书信选集》第 1 集，中央文献出版社，2022，第 1 页。

宽度，融入了为人民谋幸福、为国家谋富强、为民族谋复兴的不朽事业之中，人生变得丰富和饱满。当小我升华为大我，升华为无我的时候，生命的有限性就得到了克服，生命点燃的光辉就越大，不仅照亮了自己，也照亮了大家。人这一生，不仅仅是为自己而生活，更是要有理想信念，不断超出自我的边界，为我们身边的人，为共同理想和远大理想而不懈奋斗。在这样一个辽阔的人生舞台上，形塑高尚品德，将自我融入伟大的事业之中，将自我的生命燃烧成汇聚的火炬，照亮现代文明的新道路、新形态。

这实际上是一种宏大的生活态度和人生信仰，当这种态度和信仰投射到社会的时候，个体与社会就融为一体了。人耗尽毕生的心力不应是为了纯粹的物质条件的享受舒适，把生命困顿于有限的物质尺度之中，而是在内心深处总有一个念头和想法，并由这种想法升发出来一种信念，即渴望把面对的事情，把自己感兴趣的事情做好，做到极致和完美，无限提升和突破，成就一个理想。一个人能够为了一件事、一个理想而倾其一生，义无反顾。这种宏大生活态度和人生信仰的前提则是，将人们从自然物质的匮乏中解放出来，使其不受物质生存所累，这也正是马克思所说的物质财富的涌流，按需分配。从而最终能够不忘初心，倾其一生地追求更大的目标，在更大的目标中实现自身，领略到生命的丰富和高度；使得事件发生与生命感悟融为一体，事件推进的过程，本身也是人生的自我实现和完成过程。这是在一个非同一般的境界和层面来重新规划人生和社会。

人们总是生活在两个世界——物质利益和生理需要的世界及精神价值和意义归属的世界——之中，这是人从最低满足到最高满足的一个完整性存在，也是人类生存的最为真实的状态，即所谓现实性。"全部人类历史的第一个前提无疑是有生命的个人的存在。因此，第一个需要确认的事实就是这些个人的肉体组织以及由此产生的个人对其他自然的关系。"① 任何生物都天然地抗拒死亡，如果否认生理需要，生命就无法维持自身，拯救自身，维系自身的生存是自然规律。同时，人们也需要精神意义的追求，需要共同体的归属感。人们的内在世界需要饱满的热情和群体的认同，空虚、孤独、冷漠、无存在感往往使人生苍白无力。人类最好的状态是，物质生活充裕满足，精神世界丰富自由，这是一种最为理想的生活状态。正是基于这样一种生命存在，人生可以有所追求，可以以极致的态度和坚韧的信仰去投入一件事，如果生命中有这样一件事的话，那么这样一件事可以称作事业。它不是对物质利益和生理需要的简单追求，进而陷入一种自我狭隘的人生境界之中，而是对两个世界的提升——既在物质世界超越纯粹个体利益，关涉群体生存处境和生活幸福，也在精神世界获得认同、价值和意义，并在这两个世界最终获得统一，统一于这样一份大业执着。这样一份事业包含我们对生命的创造，对生活的期待和对人生意义的阐释，它在现实生活中表现为一份职业、一种劳动、一样工作，这份以职业、劳动或工作呈现出来的事业，是我们人生格局和生命意义的载体。

劳动（或以此为载体的事业）不仅仅是需要，更是价值追求和信仰体悟。劳动不仅具有工作的价值，更具有事业的意义。它既是一种物质生产实践，也是一种价值意义创造。从主体维度看，它是对人生自我的规划、展开、实践和完成，是主体从物质世界和意义世界两个层面同时占有现实和自我的过程。劳动精神本质上是一种事业内涵，一种"大业"境界。努力干成一番事业，不辜负一生美好，不辜负此生时代，为自己在这个世界的到来增添一份存在和价值。在实践过程中，将一件事向更大、更开阔的方向去做，做到极致，这种存在和价值就孕育出来了。在这

---

① 《马克思恩格斯文集》第 1 卷，人民出版社，2009，第 519 页。

个过程中不仅实现了自己的期望和理想，获得了一种成就感，同时，也获得了一份意义感。当这份事业足够有穿透力，进入别人的生活，"把人生理想融入党和人民事业之中"，别人的人生境遇因你而改变，别人在幸福的时候会想到你，自己就不仅活在了自我的生命中，更活到了别人的生命中，拓宽了生命的格局，获得他人的认同和尊重，这就是事业，就是劳动精神和生命境界。人生不是穷其一生的个人享乐和私利追求，当一个人的一生都在为个人的现实小利而忙忙碌碌的时候，这种人生不足以揭开人生的开阔境界。当一个人一生的全部目的都是追求个人利益，跳不出个人利益的界限之外，那么生命就会成为时间的消耗品，一点一点地被消耗，用来换取有限的利益，生命的所有的期待和等待变得如此短浅和脆弱。"有信念、有梦想、有奋斗、有奉献的人生，才是有意义的人生。"① 唯有将人生追求与民族的兴衰、大众的幸福关联到一起，把小我融入超时空的大我之中，自我才不会消失。自我是有限的，但事业是永恒的。

二 激发砥砺奋进的生命实践力

2018 年习近平总书记在北京大学师生座谈会上嘱咐道："广大青年要培养奋斗精神，做到理想坚定，信念执着，不怕困难，勇于开拓，顽强拼搏，永不气馁。幸福都是奋斗出来的，奋斗本身就是一种幸福。"② 青年学生要立鸿鹄之志，做青春奋斗者，执着进取，永不言败。"人的一生只有一次青春。现在，青春是用来奋斗的；将来，青春是用来回忆的。……青年面临的选择很多，关键是要以正确的世界观、人生观、价值观来指导自己的选择。无数人生成功的事实表明，青年时代，选择吃苦也就选择了收

---

① 《十八大以来重要文献选编》（中），中央文献出版社，2016，第 10 页。
② 习近平：《在北京大学师生座谈会上的讲话》，人民出版社，2018，第 12 页。

获，选择奉献也就选择了高尚。"① 奋斗是人生的主旋律，奋斗是生命的瞭望塔，奋斗是生活的启明星，青春是美好的，青年英气逼人，需要争朝夕、干大事。

马克思在《1844年经济学哲学手稿》中阐释人的存在形式的时候写道："人作为自然存在物，而且作为有生命的自然存在物，一方面具有自然力、生命力，是能动的自然存在物；这些力量作为天赋和才能、作为欲望存在于人身上；另一方面，人作为自然的、肉体的、感性的、对象性的存在物，同动植物一样，是受动的、受制约的和受限制的存在物，就是说，他的欲望的对象是作为不依赖于他的对象而存在于他之外的；但是，这些对象是他的需要的对象；是表现和确证他的本质力量所不可缺少的、重要的对象。"② 人作为"有生命的自然存在物"，既是受动的、受制约的存在物，又是具有天赋和才能的能动存在物。人既有生理的需要、物质的满足，也有自由创造的能动性，而不是单纯的规律服从者或生物生存者。

但是有时，一些人一生都在忙忙碌碌的物质追求中度过，在琐碎中耗尽了毕生精力，每分钟都是眼前的苟且，难以谈诗和远方，很难有勇气、胆识以及平和强大的心态坚守人生的理想和初心。面对生活中他人的物质成功，这种急迫、浮躁、不安愈加增强。某种程度上，生活确实是不易的。很多普通的人，或许一辈子就在为房子、车子和家庭奔波打拼。然而，这是否就是人生的全部追求和最直接的意义呈现呢？诚然，在一定程度上，这有肯定的一面，人有自然生命的物质和生理需求，这是生命的第一个前提，不容否认且需直接面对。但生命几何，利益追求无止境，个人财富的追逐难以有尽头，每个年龄阶段似乎都有更高的财富

① 《习近平谈治国理政》，外文出版社，2014，第54页。
② 《马克思恩格斯文集》第1卷，人民出版社，2009，第209页。

目标，人心对财富的向往会变得越来越大。特别是当我们的人生被这种利益追求所捆绑，规划为一种生活的节奏的时候，对金钱和财富的崇拜往往会无限地麻痹心灵更崇高更宽广的向往，进而无限地刺激和释放我们对金钱的欲望。生命的力度、善良、不屈和信仰都被转化为一种对物质的崇拜甚至是盲目。此刻的生命力转变为获得金钱又不断消耗金钱的时间过程，生命力变成了一种不知疲劳、盲目麻痹、缺少意义和价值追求的机器力。

如果说生命有极致的话，那可能是它在我们所热爱、向往、让我们投入全部精力和心血，感到幸福和快乐的事业中获得的一种不断创造的自由快乐。这也正是马克思所说的实践本真内涵之一，即在人的生命历程中，实实在在地去践行一件事（实践）：全身心的投入、沉浸式的体悟、沉淀到生活最本真处的反思和理解。这种状态就是我们创造一种事业、一番事功的状态和境界，是我们生命力和创造力的释放，是我们在世界中找到了确证自我、呈现自我和实现自我，从而获得我们想要的生活的方式和途径。那么，砥砺奋进的生命实践力的激发，可以从三个层面来看，一是守正，二是专一，三是笃定。

首先，从"守正"层面而言，人的内在生命世界是一个浩瀚的世界，存在巨大的能量和多重可能，如何将内在世界的力量发挥出来、挖掘出来，就成为教育人、培育人的一个重要方面。"守正"的总体思路是通过明辨是非达到行善去恶的目的，以直面内心、理解自己的方式达到心有所向的目标。一方面，人既是感性存在，又是理性存在，如何在既坚守客观规律又遵守共同价值原则的前提下，明辨是非曲直，不以自己的私情物欲为行事准则，不因外界的盲动和诱惑而失去善恶是非的判断标准。而只有在道理上明辨是非，在价值上坚守曲直，行动才有正确方向，实践才有科学对象，从而有效铺展自己的现实道路。另一方面，要直面自己的内心，明白自己的真实需求，理解自己的真正期待，发现真正的自己，然后去实现自己。而不是盲目跟风、随波逐流，迷失在缤纷世界的物欲诱惑之中，最后茫茫然不知人生的真正意义和追求何在。这是一个面对自我、发现自我、理解自我和实现自我的过程，在马克思那里，这个自我就是自由自觉的生命活动。因此，"守正"守的是辨明是非，守的是初心不忘。

其次，从"专一"的层面而言，做任何事情都要实实在在地去做，全身心地投入，沉浸式地体验生命的每一次悦动，才能够将事情做到深层，做到精髓和极致，从而达到人与物、生命与对象的合而为一。融入事情过程当中，心无旁骛地去行动、思考和分析，感受实践和事件的每一个细节，沉浸入其中，集中精力和心思，一心扑在这件事上。特别是在忙碌或失意后的放空自我与宁静独思，暂时抛开一切，让心灵有一个回归自我、审视自我及反思修养的机会。在这个过程中，收敛内心，集中精力，心思不涣散、不扰乱、不四散分离。诚然，对现代社会的人们来说，专注并非易事，青年受各种诱惑干扰，而步入社会后，面对生活的各种琐事，家庭、工作、交往等事情都要投入时间、耗费精力。这些都需要去操心的时候，"心"就操碎了，就没有一个完整的心，来进行集中的思考和投入。这就要求我们要真正明白自己的需求和渴望是什么，而不是把所有的外在事物都塞满自己的生活，乃至跟风逐流，把生命的实践力慢慢消耗掉而最终一事无成。同时，集中心思意味着，不为多样的外物所累，不玩物丧志、患得患失，把精力和时间放在对事物本事的执着和关注上。当人们面对花花世界的时候，内心被各种欲望和诱惑所占满，造成心智精力涣散，不能集中精力地理解自己和真正去做一件事，最后什么也没有创造和获得。这正是马克思主义实践概念和劳动精神的本真内涵之一，主体的对象性活动永远是主体与对象的内在统一。

最后，从"笃定"层面而言，笃定意味着生命的韧性和毅力，在困难中的执着与坚守。"人类的美好理想，都不可能唾手可得，都离不开筚路蓝缕、手胝足胝的艰苦奋斗。"① 每个人在生命实践中往往不会是一帆风顺的，总会面对各种各样的挑战，甚至陷入难以摆脱的困境，特别是当人们全身心地去投入一件事，走得越深越远，面对的挑战和困难也可能会越多越大。生命的支撑力既是有限的也是无限的，一些人在面对困难时很快就垮下来，而一些人却坚韧不拔。为生命提供最大支撑力的往往并不是肉体，而是发自内在的精神信仰，当所有的毅力和勇气都垮下来的时候，只要信仰坚定，精神世界不坍塌，人就有最后的力量坚持下去。这种信仰的力量越是在人处于压迫性困境的时候，越表现出强大和不屈，越有强大的反弹力量。坚定理想信念是坚韧生命实践力的重要支撑。

三　打开文明新形态的宏阔视野

习近平总书记在庆祝中国共产党成立 100 周年大会上的重要讲话中指出："我们坚持和发展中国特色社会主义，推动物质文明、政治文明、精神文明、社会文明、生态文明协调发展，创造了中国式现代化新道路，创造了人类文明新形态。"② 中国式现代化道路以超越资本主义及其现代化为背景，以推动共产主义远大理想实现为目标，探索了现代文明与社会主义文明的关系（或者说现代化与社会主义之间的关系）。"在马克思主义视野中，现代文明始终与资本主义文明纠缠在一起，进而形成现代化的'西方逻辑'。"③ 跳过资本主义的痛苦过程，跨越"卡夫丁峡谷"，蕴含着现代化的"东方逻辑"，进而在此基础上从根本上超越了西

---

①　《习近平谈治国理政》，外文出版社，2014，第 52 页。

②　《习近平谈治国理政》第 4 卷，外文出版社，2022，第 10 页。

③　田鹏颖、武雯婧：《文明视野中的中国式现代化新道路》，《学校党建与思想教育》2021 年第 19 期。

方资本主义的文明模式，克服其内在局限性，释放人类社会的新文明价值追求。总体来看，这种新文明视野主要有以下几个方面。

首先，全面发展与总体文明观。与西方资本主义社会文明的经济化一维发展模式、单向的构建逻辑不同，共产主义社会所要追求的是一种总体性的文明格局，是在中国共产党的领导下持续地推进经济、政治、文化、社会及生态等方面的全面发展过程。例如，经济上不断探索和释放生产力创新发展方式，通过二次分配、三次分配推进分配公平正义，助力乡村脱贫攻坚振兴发展，完善社会公共服务体系，缩小贫富差距，形成了有为政府和有效市场的双驱动经济模式，等等。政治上推进社会主义政治文明建设，以制度化、法治化的理性原则，把权力关在笼子里，规范公共权力运作，保证公共权力为民服务。同时，在推动政治制度化、程序化的过程中，培育政治治理主体的道德境界和生命视野，培育理想信念，激发主体的能动性。克服西方发端于君主制和市民社会背景的民主和自由政治的局限性，形成党的领导、依法治国与人民当家做主有机统一的政治体制。生态上推动生态文明建设，重构生产力理论，将生态环境纳入社会发展的目标中，以碳中和与碳达峰为抓手，构建生态文明社会，避免西方工业化过程中对生态环境的破坏等等。总体而言，与西方文明的物质化进程不同，新文明形态强调全面发展的总体性文明观，突破了利润中轴和市场逻辑带来的文明推演方式。

其次，和平发展与互利共赢的发展模式。经济全球化和世界一体化使国家与国家之间、地区与地区之间以前所未有的方式互相依存，世界历史向纵深发展。然而，近代以来，西方的工业化、现代化与科学技术及其衍生的"普世价值"，融合成一种强势的政治意识形态，以一种统一的文明模式从欧美国家走出，以中心、正统的姿态向周边国家扩散。这种扩散并不是和平与平等的，而是充满着侵略、对抗和压迫，这种压迫从最初的枪炮，发展到后来的商品、资本输出，以及最后的军事霸权和金融体系的耦合物。以西方为中心，通过不对等的经济贸易关系和政治权力关系，构建起了所谓世界文明秩序和全球治理格局。中国在现代化进程中，始终坚持和平发展、和平复兴的发展道路。习近平总书记指出："世界现代化应该是和平发展的现代化、互利合作的现代化、共同繁荣的现代化。"① "我们要有乱云飞渡仍从容的定力，本着对历史、对人民、对世界负责的态度，携手应对各种全球性风险和挑战，为子孙后代创造和平、发展、合作、共赢的美好未来。"② 中国持续深化改革开放，与全世界友好国家深化经济贸易合作，推动共建"一带一路"，共同构建人类命运共同体，维护世界和平与发展。中国以马克思主义为指导，建设社会主义、共产主义社会，本身就是在追求一种平等合作、互利共赢的国际关系发展模式，而中国文化和合的道德伦理与求善本质，深化了和平发展、互利共赢的文化价值支撑。

最后，以人为本的价值理想。总体而言，以人为本大致有双重内涵。一方面，以人为本是以人民群众为本，而不是以特殊的利益群体为本，特别是不以西方现代化社会中资本的利益为本。西方社会资本所到之处，文明构建的所有逻辑就变成了剩余价值的逻辑，效率和利润成为神圣的原则，每个人变成了生产工具和消费机器，变成了互不相认的原子化个体彼此对抗。回望整个历史进程，可以看到，人在既得权势与利益面前很容易迷失方向和自我，既得利益者尝到了权力带来的力量和快感，常常被深度束缚在自我的一隅，唯我独尊。继而失去文化血脉中的苍生精神和

---

① 《习近平出席第三届"一带一路"国际合作高峰论坛开幕式并发表主旨演讲》，《人民日报》2023 年 10 月 19 日。

② 《习近平出席第三届"一带一路"国际合作高峰论坛开幕式并发表主旨演讲》，《人民日报》2023 年 10 月 19 日。

天下情怀；失去广阔的人生视野和"我将无我"的精神境界；失去毫不利己专门利人的无私精神。而当重叠上西方的现代化进程之际，则很容易走向极端的个人主义。社会之中，若引领者失去这种精神，以致失去基本的制度约束，公权私有、私利横行，社会就成为特殊利益者的工具，普通人的命运改善将失去支撑，这样一种社会自然分崩离析，没有凝聚力和向心力。资本的获利者本质上只是政治权力的自我维系或构建者，他们期待稳定的权力，维护和发展既得利益，国家的外衣下是特殊群体对权力的把控，百姓利益无从体现。人们体会不到生活的改善，看不到希望和美好，难以真心支持这个政权。

社会文明本质上要有一种真实的代表性，真实关心普通大众的现实境遇和人生命运，平等理解他们的内心期待和生活向往。社会文明进程中，要超越西方文明因发展而带来的社会分化、贫富差距和社会非正义，关注普通大众在社会进程中生活处境的改变和自由全面实现，使普通大众有获得感和幸福感。与西方现代化不同，"小康式现代化"是一个具有浓厚生活化色彩的概念，意在提高人民收入和生活水平，关注民生。现代化不只是宏大叙事，更是微观生活，不是资本独尊，而是百姓生计。而新时代的以人为本、民生建设，集中表现在推进公平正义和共同富裕。习近平总书记指出："我们坚持把实现人民对美好生活的向往作为现代化建设的出发点和落脚点，着力维护和促进社会公平正义，着力促进全体人民共同富裕，坚决防止两极分化。"① 通过完善分配制度、实施就业优先战略、健全社会保障体系以及推进健康中国建设等，增进民生福祉，提高人民生活品质。

另一方面，以人为本是以人的双重自由和实现为文明根本。从社会文明的理想性和人的自我实现角度看，文明进步在根本上

---

① 《习近平著作选读》第 1 卷，人民出版社，2023，第 19 页。

是要推动人的自由全面发展，而自由全面发展又具有双重性——
对世界的占有和自我本质的占有。西方现代文明极大地释放了人
的物质积极性，但这种释放同时也将人的存在束缚在了物的尺度
和动物性维度之中。而经过韦伯所阐释的西方精神虽然在《新教
伦理与资本主义精神》中被现代化了，但仍然是一种上帝精神，
不是人的自由。它最终造成了把内心交给上帝，把身体交给物质
的现代化困局。在物质追求中，既没有实现实践自由和财富的主
体性，也没有从实践中磨炼、澄明出一种人生境界。西方现代化
在走向物质财富自由的过程中，越发失去现实的自由度和生命的
自觉性，造成实践和精神的双重失落。人的本质既是"自由的自
觉的活动"，具有内在的生命力度，又是"感性对象性"的行动
表达，具有外在的实践强度。自由既是内在的生命精神自由，也
是外在的实践生存自由。中国所开创的人类文明新形态超越于西
方物质文明这一单向的文明局限，以共产主义人的全面发展和双
重实现为目标，既将人在政治、经济、文化、社会、生态等现实
世界的自由获得纳入客观化的历史进程和生产力构建之中，也强
调人的精神世界和情感心理的自足和充实，强调精神文明的建设
与现代转型，关注劳动精神、理想信念、人生意义等现代化的重
大问题。这种双重自由和解放，使人能够沉浸于并超越于自我的
客观性存在和具体性展开，进而于有限性中沉淀出总体性生命境
界，本质上是共产主义社会所追求的"作为完成了的自然主义，
等于人道主义"①。振奋人心，催人奋进。

---

① 《马克思恩格斯文集》第 1 卷，人民出版社，2009，第 185 页。

参考文献

陈明明:《在革命与现代化之间——关于党治国家的一个观察和
　　讨论》,复旦大学出版社,2015。

陈旭光:《媒介公共文化空间、青年意识形态与网生代的崛起》,
　　《艺术百家》2016年第1期。

邓晓芒:《费尔巴哈"人的本质"试析》,《湖南师范大学社会科
　　学学报》2001年第2期。

丁西省:《运用信息技术有效推进高校教学改革》,《河南师范大
　　学学报》(哲学社会科学版)2012年第6期。

凡欣、代玉启:《新时代青年文化中感性意识形态的存在与引导》,
　　《思想教育研究》2020年第8期。

伏涤修:《从批判人的异化到寻求人的自由与解放——论马克思
　　的人文关怀思想》,《人文杂志》2002年第2期。

高放:《也谈马克思主义经典著作中未来社会名称的历史演变》,
　　《理论视野》1999年第6期。

高放:《最早提出"社会主义"一词的德辛是何许人?》,《社会主
　　义研究》1994年第3期。

高力克:《社会主义现代化:中国道路》,《浙江学刊》1991年第
　　6期。

郭廷以:《近代中国史纲》,上海人民出版社,2012。

洪波：《思想政治教育话语范式转换研究》，浙江大学出版社，2012。

教育部等十部门：《教育部等十部门关于印发〈全面推进"大思政课"建设的工作方案〉的通知》，2022 年 2 月 25 日。

李德顺：《论信仰》，《前线》2002 年第 2 期。

李德顺：《"人生价值与理想信念"（笔谈四篇）——人生与信仰》，《湖湘论坛》2001 年第 1 期。

李德顺：《人生哲学的两个视角》，《党政干部学刊》2014 年第 12 期。

刘建军：《信仰追问》，中国青年出版社，2014。

龙柏林：《仿像·真相·具象：拟态环境与青年意识形态认同》，《思想教育研究》2020 年第 4 期。

马晓琳、宋进：《"共产主义"概念的生成与汉译考略——基于对〈共产党宣言〉的文本考察》，《上海交通大学学报》（哲学社会科学版）2018 年第 4 期。

秦刚：《社会主义、共产主义概念的源流梳理》，《科学社会主义》2015 年第 5 期。

任平、郭一丁：《论新现代性的中国道路与中国逻辑——对五四运动以来百年历史的现代性审思》，《江苏社会科学》2019 年第 2 期。

唐爱军：《唯物史观视域中的中国式现代化新道路》，《哲学研究》2021 年第 9 期。

田鹏颖、武雯婧：《文明视野中的中国式现代化新道路》，《学校党建与思想教育》2021 年第 19 期。

汪行福：《共产主义与正义：对罗尔斯和布坎南理论的批判与扩展》，《中国人民大学学报》2019 年第 3 期。

吴敬琏：《吴敬琏论改革基本问题（Ⅲ）》，上海三联书店，2021。

吴晓明：《论马克思政治哲学的唯物史观基础》，《马克思主义与现实》2020 年第 1 期。

吴忠民：《中国道路与现代化内生动力》，《中共党史研究》2018
　　年第 10 期。

袁立国：《共同性的重建与共产主义观念》，《哲学研究》2018 第
　　4 期。

曾燕波：《当代中国青年价值观发展特点及生成因素研究》，《毛
　　泽东邓小平理论研究》2007 年第 6 期。

张晓杰：《改革开放以来中国青年价值观的嬗变》，载卢奉杰、杨
　　长征主编《改革开放三十年与青少年和青少年工作发展研究
　　报告》，天津社会科学院出版社，2008。

张志伟：《关于海德格尔与中国哲学之间关系的几点思考——对
　　黄玉顺〈生活儒学导论〉的批评》，《四川大学学报》（哲学
　　社会科学版）2005 年第 3 期。

赵庆寺：《现代信息技术与高校思政课深度融合的异化及其超越》，
　　《学术论坛》2018 年第 5 期。

赵焱：《走向人工智能化时代的高校思政课教育》，《高教论坛》
　　2018 年第 1 期。

郑永年：《大趋势：中国下一步》，东方出版社，2019。

郑永年：《未来三十年·2：新变局下的风险与机遇》，中信出版
　　社，2017。

埃里克·麦克卢汉、弗兰克·秦格龙：《麦克卢汉精粹》，何道宽
　　译，南京大学出版社，2000。

哈罗德·伊尼斯：《传播的偏向》，何道宽译，北京广播学院出版
　　社，2013。

汉娜·阿伦特：《人的境况》，王寅丽译，上海人民出版社，2017。

黑格尔：《法哲学原理》，范扬等译，商务印书馆，1961。

亨廷顿：《变化社会中的政治秩序》，王冠华等译，上海人民出版
　　社，2021。

霍克海默、阿多诺：《启蒙辩证法》，渠敬东、曹卫东译，上海人
　　民出版社，2020。

卡尔·波兰尼：《大转型：我们时代的政治和经济起源》，冯钢等
　　译，当代世界出版社，2020。

康帕内拉：《太阳城》，陈大维等译，商务印书馆，1997。

科尔：《社会主义思想史》第1卷，何瑞丰译，商务印书馆，1977。

罗伯特·欧文：《欧文选集》第一卷，柯象峰等译，商务印书馆，
　　2009。

罗纳德·哈里·科斯、王宁：《变革中国：市场经济的中国之路》，
　　徐尧等译，中信出版社，2013。

罗莎·卢森堡：《卢森堡文选》（上卷），李宗禹编，人民出版社，
　　1984。

罗素：《人类的知识》，张金言译，商务印书馆，2009。

马斯洛：《动机与人格》，许金声等译，中国人民大学出版社，2007。

麦克卢汉：《理解媒介》，何道宽译，译林出版社，2019。

齐格蒙特·鲍曼：《个体化社会》，范祥涛译，上海三联书店，2002。

叔本华：《作为意志和表象的世界》，石冲白译，商务印书馆，2021。

梯利：《西方哲学史》，葛力译，商务印书馆，2019。

托马斯·莫尔：《乌托邦》，戴镏龄译，商务印书馆，2009。

托马斯·皮凯蒂：《21世纪资本论》，巴曙松等译，商务印书馆，
　　2021。

温斯坦莱：《温斯坦莱文选》，任国栋译，商务印书馆，2009。

徐中约：《中国近代史》，计秋枫等译，世界图书出版公司，2012。

雅斯贝斯：《时代的精神状况》，王德峰译，上海译文出版社，2013。

亚里士多德：《政治学》，吴寿彭译，商务印书馆，2009。

图书在版编目（CIP）数据

高校加强共产主义理想信念教育研究 / 陈兵著. --
北京：社会科学文献出版社，2023.11
　ISBN 978-7-5228-3052-0

　Ⅰ.①高…　Ⅱ.①陈…　Ⅲ.①高等学校-思想政治教
育-研究-中国　Ⅳ.①G641

中国国家版本馆 CIP 数据核字（2023）第 244850 号

高校加强共产主义理想信念教育研究

著　　　者／陈　兵

出 版 人／冀祥德
责任编辑／罗卫平
责任印制／王京美

出　　　版／社会科学文献出版社（010）59367215
　　　　　　地址：北京市北三环中路甲29号院华龙大厦　邮编：100029
　　　　　　网址：www.ssap.com.cn
发　　　行／社会科学文献出版社（010）59367028
印　　　装／三河市尚艺印装有限公司

规　　　格／开本：787mm×1092mm　1/16
　　　　　　印张：14.25　字数：184千字
版　　　次／2023年11月第1版　2023年11月第1次印刷
书　　　号／ISBN 978-7-5228-3052-0
定　　　价／128.00元

读者服务电话：4008918866

Ⓐ 版权所有 翻印必究